关西初识

漫览关西风貌
感悟日本社会沧桑巨变

聂华
姚洋
著

中信出版集团｜北京

图书在版编目（CIP）数据

关西初识 / 聂华，姚洋著. -- 北京：中信出版社，2022.4
ISBN 978-7-5217-4076-9

Ⅰ.①关… Ⅱ.①聂… ②姚… Ⅲ.①文化研究－日本 Ⅳ.① G131.3

中国版本图书馆 CIP 数据核字 (2022) 第 036970 号

关西初识
著者：　聂华 姚洋
出版发行：中信出版集团股份有限公司
　　（北京市朝阳区惠新东街甲 4 号富盛大厦 2 座　邮编　100029）
承印者：　北京永诚印刷有限公司

开本：880mm×1230mm 1/32　　印张：7.25　　字数：132 千字
版次：2022 年 4 月第 1 版　　　印次：2022 年 4 月第 1 次印刷
书号：ISBN 978-7-5217-4076-9
定价：69.00 元

版权所有·侵权必究
如有印刷、装订问题，本公司负责调换。
服务热线：400-600-8099
投稿邮箱：author@citicpub.com

献给那些一起在路上的日子。
To our days on the road together.

目录

序言 _v

01 大阪 _001

大阪是为人熟知的日本工业城市，
但是少有人知道，在大阪繁华的街景后面，
隐藏着日本成为"日本"的历史。

02 有马和神户 _027

在有马温泉和神户之间体会日本的百年现代化传奇，她的阵痛、她的高光时代和她在当代的停滞。

03 京都初见 _059

京都汇集了日本文化的精华，是一个可以让中国人"遇见"故乡的地方。京都又是日本现代化的起点，明治维新的发祥地，是坂本龙马战斗过的地方。

04 雪色京都 _093

明治维新是日本现代化的转折点，
雪色京都的古迹之中隐藏着它的密码。

05 高濑川上的樱花 _123

京都让人流连忘返的景色之一是高濑川上的樱花。樱花落入高濑川早春的清水之中，如冰凌一般洁净、清脆。这就是日本人的性格。

06 维新之道 _147

历史总是容易被人遗忘；在日本，历史被遗忘得似乎更快。灵山上的坂本龙马如果有在天之灵，他会对今天的日本说什么呢？

07 蹴上铁道 _173

四月的京都，樱花满地，一片祥和。这背后，是京都百年现代化不懈的奋斗。

08 岚山 _195

在过去的1 500年中，中日两国相互影响，尽管也曾兵戎相见，但进步是主流。

序言

　　第一次到访日本是在 2000 年的夏天。在威斯康星大学麦迪逊分校访问半年之后准备回北京时，大狗[1]要去札幌参加学术会议。从机票代理处获悉，在日本境内停留不超过 72 小时无须办理签证。既然可以省去办理签证的烦琐，我们就决定全家一起顺道去札幌逗留三日。那是一个阳光明媚的下午，航班在成田机场降落后，初见日本的兴奋却转瞬即逝，在入境处被截留令人慌张起来。面对貌似无辜的闯关一家人，成田机场海关如临大敌，工作人员看上去比我们还紧张。可能是用英文交流有些吃力，海关人员特地请来一位华裔女士做翻译，这才得知 72 小时免签仅限于成田机场区域，而机票显示我们抱着深入日本腹地北上北海道的意图，这当

1　我们一家都很喜欢狗，一直打算养一只德牧或者一只拉布拉多，但始终未能如愿。不记得从何时开始，家里三个人的昵称就成了"大狗"、"小狗"和"狗妈"。

然是不被允许的。当时我们已经准备改签机票直接回北京，海关人员却并不放弃。在致电札幌的会议举办方，确认确有其事、确有其人之后，"闯关者"和"守关人"都松了一口气。工作人员立即安排为我们一家办理临时签证，并特别安抚我们说时间还来得及，不会耽误乘坐前往札幌的航班。签证办理妥当，和我们告别时，工作人员一边态度诚恳地再三叮嘱"下次来日本，请务必先行办理签证"，一边认真周详地指引我们前往札幌航班登机口的最优路径。如此，第一次到访日本成了一次懵懂的闯关冒险，闯关的结果是享受了落地签的特殊待遇。

那以后，我们因公因私，或长或短数度到访日本，当然都持有有效签证。2002年，大狗在位于新潟的日本国际大学执教数月，我们一家利用暑期历时三周乘坐JR[1]自新潟到东京，再到关西，一路漫游下来。虽然心中长存向往，也曾蜻蜓点水般匆匆一晤，但总是阴差阳错，未有机会慢慢地细细品味关西。直到2019年，终于在1月再次探访关西，4月再专门到京都看樱花，才得以好好品味这座千年古都。

我们在古城西安长大，因此京都最直接吸引我们的就是传说中的仿长安格局和汴京风貌，以及"南朝四百八十寺，多少楼台烟雨中"的意境。作为日本千年帝都，京都是别无

1　JR，日本铁路公司集团（Japan Railways）的英文名称缩写。这里指代该公司的交通工具。——编者注

效尤的存在，自然也是认识、探索和理解日本的形成与现代化历程的最佳选择。中国对日本的影响，在京都以实物实景随处呈现，在灵山明治维新博物馆不经意间发现"孔子之树"，在樱花季节的天龙寺回想开往中国的天龙寺船满载唐物而归的盛况，在岚山邂逅周恩来诗碑，以及从鸠居楼、竹苞楼的屋名回溯其《诗经》出处，复习久未使用的汉语成语，如"鸠居鹊巢""竹苞松茂"。若要探究日本与中国长达千年的羁绊，凡此种种自然是邂逅和体验清单中不可或缺的节目。

京都还是上演日本近现代历史戏剧的舞台。织田信长灭于本能寺，为丰臣秀吉成为一代枭雄铺平了道路，而后者对朝鲜鲁莽的入侵终究让他成为历史，德川家康乘虚而起，建立长达近 300 年的德川幕府统治。自黑船来航到明治维新，京都的人和物都扮演着核心的角色。坂本龙马侠肝义胆，为明治维新献出生命，在今天车水马龙的京都街头，却要仔细寻觅才能找到他的遗迹。明治维新之后的 30 年，日本迅速完成从封建社会到工业资本主义社会的转变，并把"欧洲警察"俄罗斯挑落马下，开始对中国东北地区的占领和殖民。二战之后，日本放弃军国主义路线，用 40 年的时间一跃成为世界第二大经济体，"日本第一"的口号响彻列岛上空。然而，20 世纪 80 年代也是日本最后的"高光"时刻，90 年代开始，日本经济陷入长期停滞。明治维新以来，日本用百年左右的时间完成了从落后的古代社会到先进的现代社会的飞跃，堪称人类史上的奇迹，但这之后的戛然而止，也让无数人扼腕叹息。

对京都来说，那100年的沧桑巨变并不是特别剧烈，毕竟，在其1 500年的历史中，它曾经历过数次毁灭和重建。今天的京都，似乎恢复了其往昔和平年代的宁静。它独特的美，那种历经千年的繁华和衰落之后处变不惊的优雅与自持，是我们久久沉浸其中而不能自拔的又一个因由。

摆在读者眼前的这本游记，勾画了一幅日本关西地区特别是京都的体验式地图。我们的旅行总是信马由缰，走到哪里，就看到哪里、想到哪里。由景物想到历史，再想到人物，晚上回到酒店记下来，旅程结束回到北京后再加以整理，补充相关资料，遂成就了这本游记。

感谢儿子Joe(舟)不离不弃，友情加盟1月的关西之旅。我们不仅得以从年青一代的视角看到和接触到很多特殊的事物，比如小巷深处地道的叉烧拉面，远郊寺庙旁本地人吃的京果子，日本的咖啡文化、动漫文化以及宅文化，也得以发现两代人对日本的观感和认识的许多迥异之惊与更多的相同之喜。

感谢在京都款待我们的朋友。开心的是，我们对京都的喜爱以及浅薄的认识令他们惊喜和好奇；抱歉的是，每每回答不上来我们提出的一些稀奇古怪的问题也令他们为难。不过下次再见时，还是会有更多的问题需要请教。

日本的月份有很多美丽的别称，比如1月叫睦月，也叫初春月；4月叫卯月，也叫花残月。2019年的两次旅行分别是在1月和4月,让我们领略了关西的初春与花残,也让我们期待在更多美丽的月份故地重游。

再见,关西。再见,京都。

01 大阪

大阪是为人熟知的日本工业城市，但是少有人知道，在大阪繁华的街景后面，隐藏着日本成为「日本」的历史。

大阪城，天守阁。
于1931年模仿桃山时代的天守阁外观，以钢筋混凝土为材料重新建造，从此逃脱了被火灾摧毁的命运

道顿堀　心斋桥　法善寺

1月19日。
领略工业城市大阪市井和妩媚的一面，
享受夫妇善哉的清新隽永。

中午抵达关西机场，航班稍有提前。这是全家一起第三次游日本，第二次游关西。关西机场海关在入关检查之前特别设置了按手印的专门通道，凡人以为是为了提高效率，大狗以经济学家的视角洞悉其实，"纯粹是为了创造就业机会"。确实，负责按手印的工作人员不仅人数众多，而且看上去都一把年纪了。关西机场虽然是日本关西地区的门户，但规模和人气与北京首都机场、东京成田机场相较，还是颇小，且地方气息浓厚，类似杭州萧山机场、西安咸阳机场。机场里进进出出的旅客大部分是中国人，之后几天在大阪和京都，甚至是有马温泉所在的小镇，也都验证了这一观察。关西机场的选址，似乎是为了在关西地区的几个城市之间保持平衡，离哪个城市都不远不近，到大阪需要一个小时，到京都需要一个半小时。机场到市内的交通工具，最经济也最常用的是机场大巴。出了航站楼，一长溜去往各地的机场大巴依次停靠在路边。正在寻找去往大阪的大巴时,大狗非比寻常地眼尖了一回,大声说:"我看到出租车了!就在那儿!"我们家每每出行选择交通工具,狗妈和小狗的优先级别是步行—公共交通—出租车,而大狗是寸步"难"行的"腐败分子"。初来乍到,为了保持稳定的旅游情绪,到达日本后首程交通工具选择了出租车。单程去大阪,机场大巴单人票是 2 000 日元,出租车车费是 15 000 日元。日本的出租车司机基本上是清一色的白发老人,这位也一样。不过,廉颇虽老,却不耽误把和他一样老的丰田车开得飞快。一路上吸着浓重的汽油味,只半个多小时我们就到达位于大阪市区南部浪速区的迷笛(Midi)酒店。

日本酒店的入住时间基本上都是下午 3 点。时间还早,我们存好行李后到周边找地方吃午饭。日本游第一餐毫无惊喜地选择了拉面。拉面是在日本旅游时上榜率最高的用餐选择。这是一家地道的日本拉面店,店主是位老先生,帮厨的也是一位中年偏上的半老先生。因为是周六的下午时近 2 点,店里除了我们只有一位女客人,不知道平素的生意是否也如此惨淡。吃过拉面时间还早,又到隔壁的咖啡店打发时间。咖啡味道尚可,只是置身这家咖啡店仿佛穿越时光回到旧日世界,柜台、桌椅和电器都是 20 世纪 70 年代的旧物,老式的拨号电话放在专属的小高桌上,颇受重视的模样,仿佛下一分钟铃声就会响起。看店的女孩和店里的古旧氛围很是合拍，一副无聊落寞的样子，招待客人时面露烦色，有气无力，无所事事时躲在柜台后面埋头读小说。这大约就是今天日本的写照：在经历了20世纪最后30年的繁荣之后，时光停滞，整个国家失去了进取之心。

回到酒店入住房间，放好行李后出门，沿着日本国道26号向北，步行大约20分钟就到了难波。似乎只一街之隔，就从安静空旷的浪速区踏入嘈杂繁华的难波区。这里是大阪的心脏地带，店铺林立，游人如织，道顿堀自西向东流过。道顿堀是一条始建于17世纪初的人工运河，运河开凿之后，两岸逐渐形成商业区。河上游船往来穿梭，两岸遍布酒肆饭店，景色堪比南京秦淮河。大阪以美食出名，章鱼小丸子为本地特色食品之一。我们走着逛着，在南岸一家小店坐下，就着啤酒品尝章鱼小丸子。总体上口感和味道都很一般，大狗尤其不喜欢那种黏糊糊的感觉。看来，"汝之蜜糖，彼之砒霜"这句话确实不假。

与道顿堀垂直，自北向南排列着一条接一条的"筋"。筋在日文里和中文是一个意思，指起到承重或者重要作用的条状物，用在地理上就指重要的街道。心斋桥筋、戎桥筋和御堂筋都是有天篷遮盖的封闭式商业街道，不论刮风下雨，店铺照开，生意照做。裹挟在心斋桥筋的浩荡人流中，走过一家挨着一家的药妆店、纪念品店、手工艺品店、食品店，在优衣库旁边遇到一家"中尾书店"。这是家旧书店，门口摆着迎客的是浮世绘、明信片，书架上的书籍以文学、

关西初识

大阪，难波，道顿堀。
岸上的白衣女孩正在演唱，
空灵欢快的歌声吸引着游船上和运河边的游客

01 大阪

中尾书店。
日本众多旧书店之一，
喧嚣世界中一个宁静淡然的存在

历史、美术类为主，还有一些字帖和地图。仔细寻找，发现有不少各个年代的中文书，比如一本上海出版社于20世纪70年代出版的技术类图书，还有一本同样老旧的中医药图书。日本的旧书店是一道旧时光的风景，书店一般是代代相传的家族生意，看似不起眼的一间书店，动辄就有上百年的历史。在数字化浪潮的冲击下，书店生意的维系日渐艰难。普普通通，规规矩矩，还有些冷冷清清的中尾书店，在心斋桥筋熙熙攘攘的人流中，仿佛滚滚红尘中特立独行的一个存在。

周末的难波商业区人山人海，不远处却可觅得一方僻静之地：法善寺横丁。法善寺是一座小寺庙，坐落在道顿堀南岸不远的一条小巷的巷口，从热闹非凡的道顿堀步行5分钟，穿过黑色的木质巷门，就是一方静谧的世外桃源。法善寺最有名的是水挂不动尊，这座佛像通体遍布青苔，绿油油，毛茸茸的，煞是可爱。佛像前备有水桶和水勺，供前来祈愿的人们舀水往佛像身上泼洒，以水供佛。经年累月，天然橡木制成的水挂不动尊就渐渐长满了青苔。法善寺横丁是一条宽不过两米、长不过百米的小巷，街边依次遍布酒肆饭店，多为居酒屋和咖啡馆，还有几家烤肉店。我们沿着石板铺就的法善寺横丁漫步，一一窥视路边格子门窗里朦胧的灯光，体会沉稳宁静的氛围，追缅江户时代的风情。

短短几分钟逛完法善寺横丁，时间还早，遂又折返道顿堀。这时已近傍晚，落日余晖下河水波光粼粼，与河道两岸的人间灯火交相辉映。大阪最著名的格力高广告牌亮了起来，广告牌上的运动员正高举着双手不知疲倦地向前奔跑着。格力高广告牌于1935年立于此处，80多年来见证着大阪及道顿堀的兴衰。2003年，该广告牌被大阪市认定为"指定景观形成物"，成为道顿堀的地标和大阪的代名词。道顿堀的另外一个地标，是日本著名零售商堂吉诃德道顿堀店上方的摩天轮。和一般的圆形摩天轮不同，它是椭圆形，或者说是U形。摩天轮的正下方有一个巨大的人偶抱着堂吉诃德的吉祥物"企鹅君"，提着钱袋子，好似财神爷。摩天轮名为惠比寿塔（EBISU Tower），人偶是日本的惠比寿神，传说他教授人们用鱼和农作物进行物物交换，被日本人尊崇为买卖兴隆的商业守护神，和中国的财神爷倒是一个作用，模样也挺像。大阪的冬天天气阴冷，傍晚时分寒气逼人。在星巴克喝咖啡取暖避寒，稍事休息后，一家人兵分两路，小狗去新梅田与大学室友安东尼见面吃饭，狗妈带着大狗再游法善寺横丁。

吸引我们重返法善寺横丁的，是这条小巷里紧挨着寺庙的一家叫"夫妇善哉"的甜品店。这家店专门售卖红豆年糕汤，店铺不大，却是一家创业于明治十六年（1883年）的百年老店。这里的红豆年糕汤是法善寺乃至大阪最有名的小吃之一。"善哉"原是佛家弟子用语。传说当年一休禅师品尝过红豆年糕汤之后，连声称赞"善哉此汁"，于是红豆年糕汤遂被冠名为"善哉"。"夫妇善哉"原来的店名是"御福",御福出售的"善哉"与别处不同,一定要将两碗一模一样的红豆年糕汤成双成对地盛放在同一个托盘里供客人食用,不论食客几人,都绝不单独卖出一碗。若有食客不解,老板娘会解释说:"这是一对夫妇呀!"于是,"御福"红豆年糕店里的"夫妇善哉"就这样传开了。后来这家店之所以更加有名,则是因为一部经典影片《夫妇善哉》。

电影《夫妇善哉》改编自日本著名作家织田作之助的同名小说,讲的是化妆品店继承人花花公子柳吉与年轻美貌的艺伎蝶子私奔。柳吉的父亲得知后与他断绝了关系。柳吉和蝶子很快陷入了世俗生活的困境和琐碎之中。柳吉日日游手好闲,靠着蝶子辛苦操持生活,还想着总有一天要回家继承家业。整部片子就是天真痴心的艺伎和不思进取的软饭男之间的拉锯,有许多惹人发笑的情节与对白,但更多的是生活的况味与人生的无奈。网友对这部作品的评论是:织田作之助以冷静的笔触描写平凡夫妻的现实生活,吃喝拉撒睡与生老病死相提并论,既有破灭与哀愁之美,又有庶民生活的小确幸和小甜蜜。在店里看到的介绍是这样的:昭和十五年(1940年),文豪织田作之助以"夫妇善哉"命名的小说发表,15年之后,由当时的知名演员森繁久弥主演的同名电影上映。就这样,《夫妇善哉》一夜成名。

01

大阪

道顿堀的惠比寿塔。
惠比寿是日本的财神，商业之神，
与中国的财神爷异曲同工

比喻夫妻同甘共苦的红豆年糕汤——夫妇善哉

"夫妇善哉"本尊，就是加了年糕的红豆粥。一个托盘中装着两碗红豆粥，红豆粥上浮着一小块白色年糕，或者叫汤圆，另外配有两片海苔作为餐后小食。日本的饮食习惯之一是吃完甜的再吃咸的，调节一下口味。夫妇善哉堂食每份800日元，另有可以带走的方便套餐，用开水冲泡即可，每份650日元。托盘中左边的碗代表男性，右边的碗代表女性，一个人吃一碗寓意可以体味彼此的幸福和圆满，也形容夫妇之间甘苦与共的情谊。另一层意思是，与单身相比，还是成双的好。如果是单身男女来吃的话，会有美好的姻缘降临，能遇到理想的结婚对象。由此，这家小小的红豆年糕店，从很早以前就成为实现永结良缘、夫妇圆满等愿望的吉祥物了。

店内展示着织田作之助的小说《夫妇善哉》，上面有演员森繁久弥的亲笔签名，还有电影海报、小说封面。同名电影为文艺导演丰田四郎的巅峰之作。男主角森繁久弥原为电台播音员，喜剧天分浑然天成；女主角淡岛千景出身宝冢歌剧团，因出演本片奠定其演技派的形象。

从夫妇善哉出来，在法善寺横丁的一家烤肉店吃晚餐，店名叫作"原价烧肉"。店里使用正宗的炭火烤肉，烤炉上方的抽油烟机非常强大，所以并没有很大的油烟。就餐者以年轻人居多，大口喝酒，大口吃肉。日本人三杯酒下肚就变了模样，男男女女都开始放飞自我，大声喧哗者有之，勾肩搭背者有之，打情骂俏者亦有之。点餐有两种选择，一种是交入场费享受折扣价，另一种是不交入场费原价点餐。点菜使用桌子上的iPad（苹果平板电脑）自助，菜单上有一栏"稀有内脏"，包括诸如心脏动脉、气管软骨、横膈膜筋肉以及食道这样触目惊心的菜品。我们点了几份肉，要了一盅日本酒，温好后乙醇挥发掉一些，喝起来酒香反倒更加突出。和年轻人比起来，我们的战斗力逊色不少，连酒带肉6 000多日元（合人民币不到400元）。

关西初识

大阪历史博物馆
大阪城
上方浮世绘博物馆

1月20日。
在难波宫管窥"日本"是如何在与中国的对照中产生的；
在大阪城重温丰臣秀吉从"猴子"到战国三杰的跌宕起伏人生；
在上方浮世绘博物馆体验日本的歌舞伎浮世绘文化。

第二天早晨下雨了。早起在酒店用早餐。日本酒店的早餐是西式与和式混搭，有生菜沙拉、西式炒蛋，也有咖喱米饭、日式煮食，品种虽不算丰富，但很精致。

在酒店借取两把雨伞，出发去以美食闻名的黑门市场，大阪当地人称其为"大阪的厨房"。坐地铁到日本桥，向南步行不远即到。也许因为是星期天，而且时间还早，这个所谓的美食家乐园比想象中清静很多，没有看到很多传说中的美味，倒是看到日本众多本地产品集市中售卖的各种日用品和伴手礼。市场中有很多卖"渍物"的店。渍物就是腌菜。在多数中国人的脑海里，腌菜已经是久远的食物了，是新鲜菜蔬匮乏年代才吃的东西。黑门市场还有这么多店卖渍物，姑且想象是维护传统的缘故吧。

从黑门市场返回日本桥，坐地铁去大阪城西南角的大阪历史博物馆。大阪历史博物馆坐落在1300年前的难波文化遗址所在地，这里曾经出土过很多珍贵的文物和古建筑遗迹。为了保护这些文化遗产，大阪历史博物馆一改以往博物馆建筑的低层大面积构筑方式，而设计建筑了一座10层的高楼建筑。这样既缩小了占地面积，使大部分的原始地下遗址得以

倭国、日本和难波宫

早期的日本列岛上存在许多小王国，全境的统一是由居住在关西地区的大和族开始的，之后持续了上千年的时间，北海道直到江户初期才正式被纳入日本版图。7世纪以前的日本历史，只能从中国古书籍中寻找蛛丝马迹。那时，中国把东方的那个岛国称为"倭国"，而"倭"与"大和"在日语里是相通的，训读[1]都是yamato。701

1　训读，日语汉字所采用的一种发音方式，只借用汉字的形和义，不采用汉字的音。——编者注

年秋，遣唐使粟田真人前往中国，在盐城登陆时报称"我们是日本国的使节"。到达长安之后，中国官员对于日本国与倭国的关系不甚明了，粟田真人只好解释说，日本国灭了倭国，统一了天下。时值武则天当政，似乎对粟田真人有好感，答应了他的改国名请求。从此，"日本"一称才开始使用。它在日语里的读音不是 yamato，而是读为 nippon 或 nihon。由此可见，"日本"是大和民族在与中国的交往过程中，以大陆文明为标杆创立的国家名称。

在《日本书纪》（相传完成于720年）出现之前，日本没有正史。中国古籍里最早出现倭国的记录是《魏书·倭人传》，其中记载了魏国授予倭国女首领卑弥呼"亲魏倭王"的事情，后期史书对日本也有介绍。《日本书纪》重新订正了日本历史，包括历代天皇的历史。史家一般的观点是，这本书的内容多有不可信之处，包括对天皇的描述，但日本官方和民间仍然以此为信史。所以，一般史书上说，难波宫是日本第十六代天皇仁德天皇在4世纪建造的，但实际上恐怕是当时大和民族的一位首领建造的。

在桓武天皇于794年迁都平安京之前，今天大阪的所在地曾经短暂地成为日本的首都，难波宫也在此期间得以重建。大阪历史博物馆外有一栋复原的宫殿，木结构草顶；馆内的模型显示，整个宫殿群的规模不大。以盛唐的标准来看，日本在当时的确是一个落后的国家。然而，这样一个落后的国家，却善于从大陆文明学习新东西。想起邻国这段历史，作为一个中国人，不能不嗟叹不已。[1]

---

1 吉田孝.日本的诞生[M].周萍萍,译.北京:新星出版社,2019.

完好保存，又给博物馆周围留下了一片开阔的空间，也就是从地铁口出来途经的难波宫遗址公园。大阪历史博物馆自上而下，逐层依次介绍大阪从古至今各个历史时期的概貌，通过实物和模型等形式展示大阪这座古城1 400年的风雨历程。

参观后在博物馆餐厅用午餐。大阪历史博物馆所在的建筑以及周边还有不少商业和办公设施，因此有不少职员模样的人前来用餐。日式简餐最流行的不外乎日本面和咖喱饭这

关西初识

两样，面又分拉面、乌冬面和荞麦面。我们三人各点了自己爱好的套餐，用餐后从博物馆去大阪城。2002年全家环游本州时曾经造访大阪，对大阪城印象深刻。除了大手门外巨石垒建的城墙、巍峨清奇的天守阁，大狗再三提起在大阪城公园走路的艰难险阻，心生怯意。但在小狗和狗妈的"威逼利诱"加"欺哄瞒骗"下，我们还是再次来访。

再访大阪城，得以重温丰臣秀吉以一介平民出身，最终结束日本150年的动乱，统一日本并登上日本权力巅峰的故事。天守阁是大阪城内最重要的建筑，由丰臣秀吉建造。天守是一个通称，指一座城池里的制高点建筑，担负瞭望和指挥的功能，也象征着至高的权力，是日本古代城池不可或缺的要素。但因为是木质结构，又是制高点，日本各地历朝的天守阁，不论是大阪城的天守阁，还是京都二条城的天守阁，都难逃被雷劈、火烧的劫难。现在的大阪城天守阁就是在被烧毁后，于1931年模仿桃山时代的天守阁外观重新建造的。天守阁矗立在高13米的天守台之上，高达39.8米，气势宏伟，色彩斑斓。乘电梯直达最高的第八层可以眺望大阪市全景。这次登楼，发现四周加装了围护网。其他楼层依次展示大阪城历史、各种兵器以及丰臣秀吉的生平、木像、书简，并以模型和数字影像重现当年的作战图。其中最著名的展物是一对"大阪夏之阵"屏风，描绘了1615年德川家康大败丰臣势力的最后一战。这里还有讲述丰臣秀吉一生的迷你影片可以观看。身材短小、相貌平平，且生有六指，绰号"猴子"

的丰臣秀吉，由一介平民成为不可一世的英雄，而天守阁是了解这位日本战国时代后期枭雄的最佳地点。

前一天晚上狗妈做旅游功课，发现就在法善寺的入口处对角，有一个叫上方浮世绘的小博物馆。离开大阪城后还有富余的时间，我们穿过大阪城公园，乘地铁回到法善寺那里，参观上方浮世绘馆。

2017年夏天在墨尔本访问时，正逢维多利亚国立美术馆举办葛饰北斋浮世绘展，初步了解了浮世绘这种日本风俗画。浮世绘是日本江户时代兴起的一种独特的以日常生活为题材的写实的大众艺术形式。取名"浮世"，既有佛教教义中人世虚无缥缈之意，又暗喻花街柳巷的享乐世界，更直白一点则指现实生活中的人间烟火和社会百态。浮世绘的题材多样，有风景画、花鸟画、美人画、春画等。描绘风景的浮世绘最为世人所熟悉，在很大程度上要归功于葛饰北斋的《神奈川冲浪》这幅闻名世界的浮世绘代表作，及其众多描绘富士山风光的浮世绘作品。以演剧为题材的浮世绘也称"役者绘"，因为往往与歌舞伎有关，具有浓厚的日本文化色彩，在日本之外较少为人所知，也就较难流传。上方浮世绘馆所存所展的五十多幅浮世绘正是役者绘作品，大多画的是歌舞伎的表演者。役者绘追求真实地表现表演者的形象，而不做过多的人为的美化和修饰。

江户时代，大阪和京都一带被称为"上方"，而上方浮世绘描绘的正是上方地区的社会和生活。道顿堀开凿于江户时代初期，随着戏院剧场、花街柳巷不断开张，这一带成为大阪的繁华闹市，被称为"道顿堀五座"的五家最著名的戏院剧场便聚集于此，除了上演日本传统戏剧歌舞伎外，还上演说唱艺术净琉璃和活动木偶等各种传统戏剧。据说当年道顿堀北侧茶馆酒肆鳞次栉比，南侧戏楼剧场莺歌燕舞，一派车水马龙、热闹非凡的景象。上方浮世绘馆的浮世绘作品忠实地记录了江户时代的道顿堀以及上方地区"虚浮的世界"（浮世绘的字面意思就是虚浮的时间绘画）。上方浮世绘馆虽小，收藏的五十多幅浮世绘却非常有特色。顶楼还有一间小屋，里面放置的电视机里正在播放介绍上方浮世绘制作过程的录像，脱鞋踏上榻榻米，在小桌旁席地而坐，可以边休息边了解上方浮世绘繁复的上色过程。

晚饭原本计划吃一兰拉面，但是道顿堀本馆和别馆都人满为患，一座难求。随意步入一家街边面馆，品质、口味都很一般。讲究做事有计划的小狗因此谆谆告诫说，要想饱口福，还是要事先做些功课有所准备才行。

饭后坐地铁去城南的通天阁。通天阁是大阪较早期的电视塔，曾经是大阪登高望远的不二选择。岁月变迁，现在这一地位已经被城北梅田蓝天大厦取代。如果说梅田是新大阪，通天阁一带则保留了旧大阪的氛围。以通天阁为中心向四面八方散射出去的几条大街坐落着众多供应物美价廉的自助餐的饭馆。日式自助叫作"放题"，在街上常常看到各种放题，比如歌的放题、烤肉放题、酒吧放题。这些饭馆规模很大，数层楼高的建筑通体以霓虹装点，一片旧日繁华风光，一派市井烟火气息，颇有北宋汴京樊楼的韵味和影子。街上还有卡西诺电玩城，灯火通明与霓虹朦胧交织在一起，是醉生梦死的好去处。

逗留片刻后，我们穿过安静的居民区中的小街小巷返回酒店。明天去有马温泉。

从"猴子"到枭雄的丰臣秀吉

646 年元月，孝德天皇颁布《改新之诏》，开启被后世称作"大化改新"的改革，其内容是学唐制，破除贵族干政，建立以天皇为核心的集权体制。为摆脱盘踞在奈良的贵族势力，孝德天皇曾迁都大阪难波宫，在那里颁布《改新之诏》。由此开始，日本进入第一个飞跃式发展阶段。然而，天皇的权力不是稳固的，常常需要与贵族联姻才可以保平安。在这个过程中，武士阶层兴起，并最终演变为足利尊氏（1305—1358 年）驱逐后醍醐天皇，于 1338 年建立室町幕府，幕府将军成为日本的实际控制者。从此时到明治维新的 530 年间，天皇名存实亡。但幕府将军的地位也不稳固，经常受到地方武士的挑战，1467 年应仁之乱之后，地方割据形成，日本进入战国时代。

战国时代后期，尾张国的织田信长的势力上升，最终于1573年推翻室町幕府，开启统一日本的进程。之后，丰臣秀吉出现在历史地平线上。他出生在尾张国一户农民家庭，童年生活多舛，营养不良，身材矮小，因而得到"猴子"的绰号。那个时代的日本平民是没有名字的，丰臣秀吉这个名字是后来才有的。因为无法忍受粗暴的继父，十几岁的他离家出走，给一位高级武士打杂。他生性机灵，伺候主人尽心尽责，颇得主人欢心，因而招致其他人的排挤，不得已回到尾张国投靠织田信长，接着做勤务兵。据说他每天清晨为织田焐热草鞋，因而得到织田的信赖。1561年，织田把贵族之女宁宁许配给24岁的丰臣，并给他赐名木下秀吉。从此，秀吉在织田麾下屡建战功，步步高升，最终统领一方军队。最重要的时刻是发生在1582年6月21日的本能寺之变，织田为其属下明智光秀所害。事变发生时，秀吉正在围攻毛利军的高松城，偶然获得事变消息，及时与毛利军讲和，挥师寻找明智光秀的军队，最终在山崎击败逆贼。之后，他消灭了织田军队内部的反对势力，继续织田的统一事业。1585年，他就任天皇朝廷的关白，并获赐姓氏"丰臣",成为后人熟知的丰臣秀吉。次年,他把妹妹嫁给德川家康,把母亲送到德川那里做人质,从而换得德川的臣服。接着,他就任天皇朝廷的太政大臣,在名义上实现了对日本的合法统治。后来他把关白一职让给外甥丰臣秀次,自己成为"太阁"。

丰臣秀吉的陨落肇始于1592年4月对朝鲜的征服战争。丰臣为什么要入侵朝鲜?有一种流行的说法是,丰臣有大国梦,想征服整个亚洲大陆。然而,可能更为实际的原因是,丰臣入侵朝鲜是为了得到更多的土地,分给各地的大名。取得德川的臣服之后,丰臣继续他的统一大业,但要完全剿灭日本各地的武士,已经超出了他的能力范围,他的办法是用分封来换取各地武士的臣服。各地武士也用同样的办法来分封自己的家臣。但日本就那么大(那时北海道还没有被纳入日本中央政府的管辖),土地很快就分光了,丰臣因此才急于征服朝鲜,获得更多的土地用于分封。当时的朝鲜向明朝称臣,于是向明朝求救。当时刚好是万历皇帝当政期间。这位"中央之国"的皇帝十几年不上朝,对朝鲜的请求却是上心的,于日本进兵朝鲜的当年12月派4万人马入朝,与朝鲜军队一道,把日本军队赶回日本。这次失败让丰臣性情大变，开始滥杀身边的人，包括自己的外甥秀次。几年之后（1598年），他自己也黯然离世，德川家康顺势崛起，并于1615年在大阪夏之阵中击败丰臣的儿子，开启日本的德川幕府时代。

　　大阪城的原址是石山本愿寺，寺里的僧侣们与织田信长作对，他们失败之后，寺庙被织田烧毁。丰臣秀吉于1583年在石山本愿寺的旧址上兴建大阪城，当时这里被称为"战国无双的城"。在1614年德川军队进攻丰臣家族的大阪冬之阵中，大阪城得到加固。可惜，第二年大阪夏之阵之后，德川的军队一把火把大阪城烧毁。德川家康的后人重建了大阪城，但此后大阪城多次遭遇大火，或因雷击，或因人祸，又多次重建。今天看到的大阪城天守阁是1931年11月用钢筋混凝土建成的，从此豁免了火灾的袭扰。

01
大阪

位于法善寺旁的上方浮世绘馆，
收藏大量以歌舞伎表演者为主题的浮世绘作品

关西初识

大阪通天阁附近的夜景。
一片旧日繁华景色,一派市井烟火气息,
令人联想起北宋汴京的樊楼

02 有马和神户

在有马温泉和神户之间体会日本的百年现代化传奇,她的阵痛、她的高光时代和她在当代的停滞。

有马温泉寺

大阪—有马町
有马温泉
怀石料理第一餐

1月21日。
"知我者希，则我者贵，是以圣人被褐怀玉。"
有马小镇的怀石料理让人想起远古中央大国的古朴、清香和从容。

早饭后，我们请酒店前台帮忙叫出租车去新梅田的汽车站，坐长途大巴去有马。从大阪去有马的交通方案有两个选项，一是坐直达有马的长途大巴，二是坐近铁或者JR到神户的三宫车站换乘电铁或者巴士到有马。从换乘指南上看，电铁需要换乘2~3次，但基本都是同站台换乘，而且时间衔接迅速，无须等待太久，是更快捷的选项。我们之所以选择长途大巴，是因为带了两大一小三个行李箱，换乘时上上下下还是比较麻烦。

有马温泉与下吕温泉和草津温泉并称为"日本三大名泉"，始建于8世纪，是关西地区最古老的温泉。温泉所在的有马町位于兵库县神户市北区，也就是六甲山北麓，与神户市区隔山相连（为什么如此形容，随后分解）。有马距大阪市中心40多公里，车程一小时左右，距京都约70公里，车程约一个半小时。由于距离关西几个主要城市——京都、大阪和神户都在一两个小时的车程以内，而且有近铁、JR和大巴等多种交通方式选择，所以到关西旅游的游客，尤其是中国和韩国游客，大都会在游览京都、大阪、神户前后，顺道去有马温泉逗留一到两日，享受泡温泉的愉悦和放松。

　　阪急大巴驶过有马六甲川上的红桥，抵达有马温泉街。这条长100多米的街道是有马的主街，背靠六甲山，面向六甲川，依山傍水而建。冬天正是泡温泉的季节，窄窄的街上车辆络绎不绝，行人来来往往，有的急着赶路、赶车，有的在街道两旁的小店里选购特产手信。我们在阪急大巴售票休息处给预订的竹取亭丸山温泉酒店打电话请他们来接，片刻工夫酒店的白色小巴就赶到了。酒店坐落在山上，上山的路曲折蜿蜒，山林苍翠茂密。只5分钟就到了酒店。寄存了行李，预订了4点的私汤，我们沿着山路漫步下山到小镇上吃饭观光。

　　沿途经过不少小商小铺，其中有一家叫"竹艺有马笼KUTSUWA"，据说距今已有450年的历史。一间20平方米左右的小屋位于山道旁，里面摆满了细竹编制的各种竹艺品，不仅有篮、筐、盆、钵，还有茶道和花道用品。有马笼竹艺品所用的本地产野生细竹，柔软细腻、韧性十足，编制出的器皿灵巧雅致。早年间，有马笼竹艺品作为茶道和花道用具深受名家贵人追捧。

有马温泉随处可见的第一名产当属碳酸煎饼，用水、面粉和糖的混合物煎烤而成。因为所用的水是富含碳酸的温泉水，这薄薄脆脆、简简单单的煎饼就不简单了。温泉街上有好几家碳酸煎饼专卖店，各有各的风格和卖点，不由得让人想逐一品尝，好在此有马煎饼非天津煎饼，分量不大，热量也不高。

我们在位于山道旁侧的一条斜街上找了一家传统小面馆用餐，坐在逼仄的吧台前，一边吃乌冬面，一边看电视。虽然不懂日文，从故事的节奏和人物的神情也能琢磨出正在播放的电视剧所讲的不外乎平平常常人家的家长里短。店主是一对上了年纪的老夫妇，看样子应该就是在这家小面馆里日复一日地度过了这辈子。电视里的故事和电视外的生活一样，节奏缓慢，不疾不徐。从面馆出来到街对面一家咖啡店喝咖啡。咖啡店墙上贴着古雅的英式莫里斯壁纸，店里摆放着法式吧台和木制欧式家具，但在阳光房外则精心布置了一个小小的日式庭院。阳光下，修剪整齐有型的墨绿松柏、淡绿灌木、鲜绿苔藓、白沙、石灯笼、惊鹿（惊鸟器），寥寥几个日式庭院的必备元素装点出安宁、平和、沉静的一方天地。客人不多，除了我们一家三口，还有三两桌中老年女客在欢快地轻声谈笑，大约是闺密利用午后的闲散时光例行聚会。不论是传统的日本面馆，还是西洋风格的咖啡馆，小镇上的时光仿佛凝固在历史的某一个片刻，不曾流动，也不曾改变。

有马温泉的水富含矿物质，泉水中含有约为海水两倍浓度的铁盐泉，分为泉色似铁锈红的"金泉"和无色透明的"银泉"。在日本泡温泉有几种方式。第一种是吃、住、泡汤全套服务：入住温泉酒店，房间可选日式榻榻米间或西式标准间，使用不需预订的公汤或者需要预订的私汤，餐饮含早、晚两餐，晚餐为怀石料理。第二种是专事泡汤：入住温泉酒店，只泡汤，不享用料理。第三种是浴室泡汤：不入住温泉酒店，当天往返，享受大浴室的公汤。有马大浴室温泉的公汤有"金之汤"和"银之汤"，从咖啡店出来就在大街上经过一处公汤，外面有流淌的银汤小溪，一些游人正坐在溪边泡脚。

沿着山路返回酒店入住房间，山景房的窗外山麓遮阴，竹林蔽日，一片葱茏绿意。房间是兼具日式和西式风格的套间，外间是榻榻米，里间是西式标准间。酒店提供两套更换衣物，一套日式浴袍供在酒店内用膳和泡汤时穿着，一套睡衣供休息时穿用。竹取亭一共有4个私汤，另外还有男女公汤。每个客房每次可以预订一个私汤，使用后还可以根据情况再次预订。公汤和私汤又分为金汤和银汤，银汤水温较低，金汤水温则很高，需要先在银汤中适应后再泡金汤。竹取亭酒店有20多个房间，入住客人不是很多，4点钟大狗和小狗去私汤，狗妈则去妃之汤。妃之汤是公汤，金汤在室内，银汤在室外。温泉池非常干净，银汤清澈见底，温泉水湍湍不断注入池中，池底由石块铺就，池畔由石块垒成，上方是

02 有马和神户

有马温泉,竹取亭酒店的私汤,
清澈的银汤和锈色的金汤

竹竿搭起来的竹棚。室外气温是 4~5 摄氏度，但泡在温泉中并不觉得有任何寒意。位于室内的金汤，池畔三面是可以打开的推拉门，冬天关闭，春夏打开，打开后可以观赏山景。金汤温度非常高，汤色呈铁锈色，泡上 5~10 分钟就要歇息片刻，否则心脏难以承受。妃之汤的更衣室比之前去过的北海道登别温泉的公汤馆要高档许多，有敞开的衣柜，也有带锁的衣柜，还提供化妆水、面霜和棉签化妆工具以及吹风机等，泡汤后可以从从容容对镜梳妆。

大狗心心念念要打牌，泡了温泉后我们趁着开饭前的空闲步行下山买扑克牌。下山路上经过坐落在半山腰的汤泉神社，看了介绍得知神社是为祭祀大己贵命和少彦名命二神而立。据说二神观察到三只受伤的乌鸦在水洼里洗澡，没过几天伤口就痊愈了，由此发现了温泉。紧邻汤泉神社的是温泉禅寺，供奉着药师如来的坐像。据说奈良时代的僧侣行基在药师如来的指引下于 724 年创建了温泉寺，为后来有马温泉 370 年的繁荣奠定了基础。绕过温泉禅寺不远处就是念佛寺。念佛寺建在太阁丰臣秀吉位于有马的别墅遗址上，以拥有树龄 300 年的沙罗树庭院而闻名。有马和丰臣秀吉扯上关系，是因为他数度到访有马，在此举办盛大的茶会，修整扩建温泉，给有马带来繁荣和名声。丰臣秀吉因此成为有马温泉的恩人。在小镇随处可见丰臣秀吉的影子，诸如太阁桥、太阁塑像，还有太阁汤殿馆。看来，若没有当年太阁秀吉的大力扶持，恐怕也没有今日的有马温泉。

日本的神很多，好像管什么的都有。有马小镇的各条街道上沿途都供奉着有马温泉的辟邪神物，其中一处墙上用汉字刻着一段经文："天下和顺，日月清明，风雨以时，灾厉不起，国丰民安，兵戈无用，崇德兴仁，务修礼让。"这是佛法里理想的大同世界，也是每个国家的老百姓希望达成的祈愿。

傍晚时分，沿路的小店纷纷打烊，只有玩具博物馆开着，扑克牌倒是有，但因为是纪念扑克，标价3 000日元，对只需掼蛋[1]功能的使用者而言未免有些浪费。沿山路步行上山回酒店。华灯初上，夜色催更，店家商铺开始闭户关门，仿佛中国某个南方小镇傍晚时分的景象。

回到酒店更衣换装穿好和服，6点半准时去二楼的榻榻米餐房享用怀石料理。关于怀石料理何以叫"怀石"，众说纷纭，未有定论。富于想象力的一种说法是，青灯之下诵经听禅的僧侣，为抵御饥饿感怀中常抱石一块，遂称"怀石"。如今极尽考究的美食的缘起，却与忍饥挨饿有关，着实有趣，也难怪这种说法流传甚广。颇有学术范儿的另一种说法是在老子《道德经》中追溯到怀石料理的名称起源："知我者希，则我者贵，是以圣人被褐怀玉。"很多人更认同这一有据可查的起源说。不论怀石之名缘起何处，得到一致认同的是，怀石料理肇始于日本茶道的茶席，最早是为防醉茶而垫垫胃

---

[1] 掼蛋，是一种在淮安以及周边地区广为流传的扑克游戏。

的小点心，与英式下午茶的小点心有着异曲同工的功效。

怀石料理的标准菜单：

- 先付け（Sakizuke, さきづけ）：开胃小菜，讲究调味轻盈，质感清新。
- 八寸（Hassun，はっすん）：季节性主题菜肴，通常为一种寿司与几样小份菜的组合。
- 向付け（Mukouduke，むこうづけ）：季节性生鱼片。
- 炊き合わせ（Takiawase，たきあわせ）：蔬菜、肉、鱼、豆腐等食材切成小块焖煮而就。
- 盖物（Futamono，ふたもの）：用有盖的食器装盛的食物，汤类或茶碗蒸。
- 烧物（Yakimono，やきもの）：季节性鱼类烧烤。
- 酢肴（Su-zakana，すざかな）：以醋腌渍的小菜。
- 冷钵（Hiyashi-bachi，ひやしばち）：用冰镇过的食器装盛的食物，面类、凉拌时蔬、虾蟹肉等。
- 中猪口（Naka-choko，なかちょこ）：酸味的汤。
- 强肴（Shii-zakana，しいざかな）：主菜，烤制或煮制的牛肉、禽肉、鱼等。
- 御饭（Gohan，ごはん）：以米饭为主要食材的主食。
- 香物（Kou no mono，こうのもの）：季节性的腌制蔬菜。
- 止椀（Tome-wan，とめわん）：酱汤，以大酱为主料，放入豆腐、葱花，也可加入海鲜、菌类等。

- 水物（Mizumono，みずもの）：餐后甜点，以及蜜瓜、葡萄、桃等甜美多汁的水果。

此次怀石料理是竹取亭料理长小笠原佳大主厨出品。酒店特别为不懂日语的客人准备了英语菜单：

- Aperitif（开胃酒：梅子酒）
- Appetizer 1: Steamed egg with soft cod roe-Wasabi（开胃菜1：山葵蒸蛋）
- Appetizer 2: Kobe beef-Lotus root cracker, Wasabi（开胃菜2：芥末神户牛肉－莲藕薄脆）
- Fish 1: Young tuna（鱼1：嫩金枪鱼）
- Hot pot: Conger eel shabu-shabu[1]（火锅：鳗鱼涮锅）
- Fish 2: Flat fish, Prawn（鱼2：扁口鱼、大虾）
- Noodle dish: Soba with dried mullet roe（面食：鲱鱼籽荞麦面）
- Fried dish: Spanish mackerel Tempura, Sesame tofu-Truffle（炸物：西班牙鲭鱼配芝麻松茸豆腐）
- Grilled dish: Lobster（烧物：龙虾）
- Meat: Kobe beef Steak（肉类：神户牛排）

---

1 Shabu-shabu 是日本的涮涮锅，起源于大阪。和寿喜烧不同，它不用浓烈的底料，更像中国的涮锅。

- Rice: Rice cooked with Yellowtail Japanese pickles and Red miso soup（主食：米饭配日本黄尾泡菜、味噌汤）
- Dessert: Orange jelly, Nonaka-chestnuts, sweet bean paste, Cream cheese（甜点：橘子冻、野中板栗、甜豆羹、湿奶酪）

我们另外单点了一竹筒日本酒佐餐。

和中国相比，我们的两个邻国——韩国和日本的食物要简单得多。这大概反映了朝鲜半岛和日本列岛与东亚大陆物产之间的差别。但是，怀石料理的妙处就在于把简单的饮食做到极致，不铺张、不奢华，功夫全下在食材和做工上面，和日本人的文化旨趣很是贴合。

酒足饭饱之后，9点半狗妈和大狗去泡私汤。竹取亭的四个私汤，一汤和二汤较小，但露天空间开阔，风景更好，三汤和四汤的银汤很大，但露天空间稍小一些。夜色安谧，月光穿过竹林，透过树梢照射在雾气缭绕的温泉池中，可以让人忘却一切烦恼。

Menu

1. Aperitif

2. Appetizer 1
Steamed egg with Soft cod roe _ Wasabi

3. Appetizer 2
Kobe beef_ Lotus root cracker, Wasabi

4. Fish 1
Young tuna

5. Hot pot
Conger eel Shabu shabu

6. Fish 2
Flat fish, Prawn

7. Noodle dish
Soba with Dried mullet roe

8. Fried dish
Spanish mackerel Tempura, Sesame tofu_ Truffle

9. Grilled dish
Lobster

10. Meat
Kobe beef Steak

11. Rice
Rice cooked with Yellowtail
Japanese pickles and Red miso soup

12. Dessert
Orange jelly
Monaka
_ Chestnut, Sweet been paste, Cream cheese

竹取亭 円山
料理長 小笠原 佳大
Chef
Yoshihiro Ogasawara

竹取亭第二晚的怀石料理英文菜单

02 有马和神户

有马—神户
神户南京町
神户牛

1月22日。
漫步在神户的异人街，
想象日本在黑船来航之后被迫开埠的窘境和随后的奋起直追；
流连于阪神大地震纪念公园，感受现代化高潮时期日本的万丈雄心，
叹息今天日本社会的衰老和颓废。

一早起来，8点半在昨晚就餐的同一房间用早餐。早餐有日式和西式两种套餐可选。西式套餐除了例行的奶油蘑菇汤、面包、酸奶、水果、火腿肠、午餐肉和几样熏制鱼肉冷盘外，令人惊艳的是五彩缤纷的沙拉；日式套餐更加丰盛，有煎鱼一大块、豆腐煮物一大碗、味噌汤，以及各种各样的日式泡菜搭配白粥。咖啡和果汁自助。用餐之后，我们去神户。

有马与神户一山之隔，素有"神户的腹地"之称。从有马到神户，如果是盘山翻越六甲山的话，应该是一段不短的路程。酒店的小巴送我们到有马小镇的太阁桥，乘坐10点半的JR大巴出发去神户。大巴开出不久就上了高速公路，

行驶一段路程后钻入山洞隧道，然后在隧道中一直开、一直开，感觉是一路下山。待出得隧道，突然间映入眼帘的，已经是神户三宫的闹市景象。原来，这条隧道直接从山顶钻入山下，直抵神户市中心。大狗在微博里写道："从有马小镇到神户只有十几公里，走一段高速路之后，公共汽车一头扎进一条很长的隧道里。从地图上看，这是一条笔直的下山隧道，省去了绕盘山公路的麻烦。最神奇的是，车出隧道，迎面就是神户市中心。没有考证过，但大体上猜测这条隧道是日本高光时代修建的，因为大概只有那个时代的日本，才会有这样'义无反顾'的行动。那个时代的日本，是高仓健的时代，如他在《海峡》那部电影里一样，日本仍然有征服自然的雄心。1995年阪神大地震，神户港毁坏严重，但两年内就重建。可惜，那大概是日本人到晚年黄昏中的一抹斜阳，今天的日本，是阿部宽的时代，是《深夜食堂》的时代。看一下日本走过的路，我们就不会对中国自己的'面子工程'过于纠结了，毕竟，那是中国还处于上升阶段的证明。"

日本的高光时代

速水佑次郎生前是世界知名的发展经济学家。20世纪50年代初，他去美国明尼苏达大学读书，惊叹于美国物质生活之丰富，感慨道："有生之年不可能看到日本追上美国的生活水平。"然而，40年之后，日本就几乎赶上了美国的人均收入水平。

每个国家、每个文明都有自己的高光时代。比如，传统农耕文明的高光时代是中国的北宋，彼时的中华文明也达到一次顶峰，技术和生活水平达到传统农业的最高点，文化、艺术发达，政治昌明，所以陈寅恪才说："华夏民族之文化，历数千载之演进，造极于赵宋之世。"再如，苏格兰的高光时代是启蒙运动和工业革命早期，它以区区500万人极大地推动了大英帝国称霸世界，并为现代世界贡献了思想和工商业智慧。日本的高光时代则是20世纪60—90年代。

二战之后，日本满目疮痍，人民生活异常艰苦，就连天皇夫妇也过紧日子，在参加完麦克阿瑟的招待会后，把剩下的食品打包带回去。苦尽甘来，日本经济从20世纪50年代开始重上正轨，开创了一条以出口为导向的快速发展道路。以1964年东京奥运会为标志，日本更是进入持续近10年的"奥运景气"阶段，增长率达到两位数。受两次石油危机的影响，日本在20世纪70年代和80年代的增长率显著放缓，但日本的创新冠绝世界。除个人计算机外，世界上电子产品领域的绝大多数创新都来自日本，电视机、录像机、摄像机、电冰箱、洗衣机等产品的世界市场，几乎都被日本品牌垄断，日立、索尼、夏普等，成为全世界家喻户晓的品牌。日本汽车在石油危机中脱颖而出，因为省油、耐用，成功占领汽车大国美国近1/3的市场。直至约10年前，日本的电子产品仍然是多数中国人心目中高档产品的代名词。

随着财富的积累，日本国内掀起了持续20年的基础设施建设高潮。田中角荣是中国人熟悉的日本政治家，在他任首相期间，日本与中国实现了邦交正常化。他出生在日本本州西部的新潟县南鱼沼。因为特殊的地理位置，新潟的降雪量巨大，超过日本其他地方。过去，一到冬天，新潟的百姓出门都非常困难。田中在20世纪60年代竞选国会议员时向家乡父老保证，如果他当选，他要让新潟的百姓冬天可以穿着木屐出门。结果，他做到了。今天的新潟，每条主要道路下面都埋设了热水管，一到下雪的时候就喷热水，把雪化掉。所以，冬天的时候如果在新潟乡间道路上开车，就会发现路两侧是一人多高的雪墙，车如同走在隧道里。2002年春，我在日本国际大学教了一个学期的书。这所大学用英语教学，是田中亲自指示在自己家乡南鱼沼建立的。校园很小，周围都是稻田。每天早晨在乡间道路上跑步，远处是雪山，近处是雪山上流下来的潺潺溪水，空气清新，那种感觉，令我至今难忘。更令我难忘的是学校食堂里供应的米饭，那是用最正宗的新潟大米——南鱼沼大米做的，颗粒饱满，味甘质韧，放冰箱里一两天，味道仍然如初。

日本是最早修建高铁的国家，第一条新干线完工于1964年奥运会之前，之后不断扩建，成为日本轨道交通的主力。高仓健主演的电影《海峡》讲的是日本修建青函隧道的故事。这条隧道连接本州青森和北海道函馆，全长53.85公里，其中有23.3公里穿越津轻海峡海底，至今仍然是世界上最长的海底隧道。从1964年动工到1988年3月正式通车，耗时24年！这样的工程，只有一个处于高光时代的国家才会去尝试。远有19世纪初修建的苏格兰大运河，耗时19年，耗费相当于当时英国国民收入的千分之一，近有中国的港珠澳大桥，耗时9年，花费也达到建造期间中国国民收入的千分之一。

20世纪80年代后期，随着日元的大幅升值，日本国民的财富迅速膨胀。过去，出国旅游是一项奢侈活动，突然间，就连理发师也可以轻松出国旅游了。然而，财富的暴增也导致资产价格虚高，银座的地价已经足以买下整个曼哈顿了！东京的地价已经昂贵到令人无法忍受的地步，一些大公司竟然在新潟为员工买宿舍，让他们天天坐新干线上下班。要知道，坐新干线从新潟到东京要一个小时，单程车票价格大约100美元！这真是一个富得满地流油的荒唐年代。

后面的故事大家都熟悉了。从1993年开始，日本进入停滞的10年、停滞的20年，现在看样子要冲击停滞的30年了。日本的人均收入从20世纪90年代初接近美国的90%下降到现在只有美国的60%，"日本第一"早已成为明日黄花。日本停滞的原因有很多，但最为根本的原因是老龄化。20世纪90年代之后，为日本高光时代打拼的一代人进入老年，失去了进取的锐志，就像高仓健一样，20世纪80年代之后基本上没再拍过像样的电影。现在日本电影界能够像高仓健那样直击人心的演员，恐怕只有阿部宽，可是，我们再也看不到高仓健诠释的那种悲怆、坚毅、野性、勇往直前，只有小人物对生活的不甘、家长里短和平

> 淡无奇的爱情。在《深夜食堂》里有一集，一位年轻漂亮的女顾客对未来茫然无知，几经周折，最后竟然找了一个和尚，心反倒安静下来。这和高仓健电影里的女性相比，是多大的反差啊！
>
> 　　日本的高光时代过去了，意味着日本自1868年明治维新以来长达120多年的上升期结束了；未来几百年里，恐怕也难见到高光时代再次降临日本。中国呢？可以说，中国自1978年以来，基本上在重复日本所走过的路，而2008年的北京奥运会相当于1964年的东京奥运会。这么说，中国已经进入高光时代。这个高光时代会像在日本那样，在一代人的工夫里消失吗？可能不会，因为中国无论是地域还是人口，都在日本的10倍以上，中国的上升之路会比日本持续更长的时间。

　　我们一家2002年在日本环本州游时来过神户，记忆中印象深刻的是阪神大地震纪念碑、中国城和神户港。此次抵达神户后离中午吃饭还有个把小时的时间，就去中国城南京町走了走。

　　南京町是中国城所在的街道，中国城入口处的牌坊上书

"长安门",再上方是赵朴初手书"敦睦"二字的匾额,左右一副言简意赅的对联"生意兴隆,恭喜发财"。临近春节,长安门内正值春节祭,所到之处尽是张灯结彩的喜庆氛围。不是周末,也未到饭点儿,游客虽然不多,却有不少中小学生穿着校服三三两两结伴买点心吃,中心地带的一家饭店门前很多人排着长队等着买刚出锅的煎饺。饭店的名字以中国地名为多,一路走过北京饭店、天津饭店、上海酒楼、广东酒家……逛遍了中国的大江南北、长城内外。从南京町出来去吃神户牛肉的路上,又见到一家面包店前面人们排着长队买吐司面包。令人想起上海人在南京路上的国际饭店排队买蝴蝶酥、在泰康食品店排队买鲜肉月饼的街景。

　　此次神户一日游的重点是吃神户牛肉。讲究美食也讲究计划的小狗前一天预订好一家位于神户三宫附近的神户牛饭店,名叫"Mouriya 凛"。堪称日本国宝的神户牛肉是最好的雪花牛肉,以细致精美如同大理石花纹的纹路为标志,味道香而不腻,入口即化,鲜美无比,曾被美国媒体评为世界八大高级食物之一。纯正的神户牛仅在兵库县出产,据说每年产量只有3 000头左右。物以稀为贵,神户牛肉的价格随着它的声名远扬和需求持续增长而一路飙升。

　　凛餐厅在一座商业楼内,费了些许周折方才找到。餐厅门面简单低调,内部装潢以黑色等暗色系为主调,大中午也不见多少亮光。大约在这种氛围下能更加专注地吃牛肉吧。餐厅规模不大,只有两排长条的操作台,一边站厨师,另一边坐客人。操作台其实是一张大而平整的黑色烧烤铁板，正上方安装了强力抽油烟机，带暖色射灯。柔和的灯光洒在冰冷的铁板上，多了几分神秘色彩。几位厨师是清一色年轻精干的小伙儿，活儿干得异常专业、麻利。牛肉先切成条状，烤到一定程度之后再切成小块烤，方便客人取食。烤的过程中，不时要用毛巾把冒出来的油擦拭干净，一种牛肉烤完，要用毛巾把铁板彻底擦拭一遍再开始烤另一种。所以，铁板总是干干净净的，客人坐在边上吃牛肉的感觉和坐在吧台边享用美酒的感觉一样。

我们点了三种不同价位、不同部位的牛肉三个人分享，分别是菲力、沙朗和肋眼。坐在台前，一边喝水，一边看着厨师有板有眼、一丝不苟地操作，一种牛肉煎好后分成三份依次品尝。神户牛肉最大的特点就是雪花成分丰富、分布均匀，煎好趁热食用，入口即化，满嘴生香。烤牛肉时还间隔着烤些蘑菇和豆腐，而整理牛排时切下来的一些边角余料剁碎后和豆芽一起炒拌，正是下饭好菜。

小狗在家时会不时自己煎牛排。他用的牛排都是澳洲或美国产的，纤维比较粗。吃这样的牛排，一定要有大口吃肉的豪爽劲儿才过瘾。对美国人来说，日本牛肉就太软了，更别提日本的其他食物了，所以，当他们形容一件事情比较容易的时候，就会说："It is like Japanese sushi!"（这像日本寿司一样！）江户时代的日本人不吃牛肉，原因是牛对农业和交通都很重要。神户牛的美味是西方商人首先发现的。

很奇怪，这样绵软的牛肉只有日本有，莫非是受日本文化的空灵和清远感染的结果？

小狗煎的牛排，不比纽约布鲁克林的百年牛排店 Peter Luger 的差，成熟的分寸把握恰到火候，虽不至于入口即化，但也比美国牛排店的更绵软可口，大狗和狗妈都很喜欢。此次小狗带大狗和狗妈品尝神户牛肉，就更激发了老两口的愿望，回家之后就缠着小狗，问他啥时候再操刀献艺。

黑船来航与神户开港

江户时代的日本，是一个比清朝时期的中国还要封闭的国家。比如，天主教传教士在明朝就到中国传教，清朝顺治皇帝差点儿听信传教士汤若望的劝说，信奉天主教，只因汤若望要求他放弃三宫六院，他才打消了信教的念头。在日本，从丰臣秀吉开始就禁止天主教，德川幕府更是大规模迫害天主教教徒和基督教教徒，最终导致教民们的暴动，即岛原之乱（1637年）。此后，西方人都被驱除，除了荷兰人，他们因为帮助幕府平息了暴动获准留下来，但也被赶到长崎港的小岛出岛上。由此到日本开国的 200 年间，荷兰人成为日本和西方联系的唯一纽带。

第一次鸦片战争后,幕府看到了西方的强大,锁国政策有所松动,开始允许受困西方船只靠岸获得补给和救济。转折点发生在1853年夏天。1852年11月24日,美国东印度舰队司令官佩里指挥当时世界上最大的军舰"密西西比号"起航前往访问中国。访问结束之后,"密西西比号"南下香港地区,与另外三艘军舰会合,准备一起造访日本,并顺便带上了一位传教士做日语翻译。可是,这位仁兄只会汉语,不会日语。此前,美国人以为日语和汉语差不多,稀里糊涂地把他带上了。佩里的舰队只好在上海停靠,带上一位会荷兰语的美国人。因为要和荷兰人打交道,幕府有一些会荷兰语的人。1853年7月8日,舰队到达东京湾的咽喉浦贺湾,引起轰动。因为整个舰队的船体都涂了黑色的防护漆,此次事件被称为"黑船来航"。佩里给幕府带去美国总统的信件,信中对日本提出包括通商在内的7点要求,但这些要求都被幕府搪塞过去。急于求成的佩里不甘心,1854年2月8日第二次率舰队到访日本,最终与日本签订《日美亲善条约》(又称《神奈川条约》),获得最惠国待遇和设立领事馆的权利。

然而,日本的锁国政策并没有立即消失。从黑船来航到明治维新的十几年间，攘夷派和开国派相持不下。在这期间，幕府屈服于西方势力，和列强们签订了许多不平等条约，最终导致攘夷急先锋，即4个"西南雄藩"掀起倒幕运动，由此拉开了日本现代化的大幕。

神户是1858年日本与美、荷、俄、英、法五国列强签订《安政五国条约》之后开放的4个港口之一，1868年正式开港。列强在神户建立外国人居留地，就是今天的北野异人馆一带。外国人居留地和中国的租界一样，外国人享有治外法权。开港之后，神户发展迅速，吸引大量外国人到来，成为日本最为西化的城市，诞生过许多"第一"，如第一座咖啡厅、第一瓶汽水、第一座水族馆、第一个高尔夫球场、第一个爵士乐队等。背靠关西的工业腹地，神户港迅速崛起，成为亚洲第一大港，神户市也成为日本第三大城市。

发生在1995年1月17日凌晨的阪神大地震，是1923年关东大地震之后对日本影响最大的地震。由于震中位于市区，神户损失惨重，6 000多人死亡，4万多人受伤，32万人的房屋受损，许多工厂和商业设施，包括港口遭到重创。该地震发生之前，日本科学家认为关西不会发生大地震，所以建筑的防震措施比较松懈。此次

关西初识

> 地震引起日本全国上下的高度重视，促进了对于地震科学、建筑和交通防震的研究。神户港阪神大地震纪念碑旁边设有永久性展览，讲述港口的恢复过程，也留下了一些地震中倒塌的海岸设施，以警醒后人。看来，日本重视地震防护，也是因为从过去的失败里吸取了教训。

  品尝神户牛肉后，我们去神户港重访阪神大地震纪念公园。纪念公园里保留着一段60米长的防波堤原址，包括陡然断裂的堤岸、扭曲凸起的道路、倾斜着直指天空的路灯，还有四处散落的大块碎石。我们以为坚不可摧的水泥钢筋在大自然巨大的威力下毫无招架之功，令人不禁想象当年的惨烈景象。据纪念公园的资料介绍，那场仅仅持续了20秒的7.3级地震中，10万栋房屋倒塌，120个码头被毁，1 000公里长的高速公路完全瘫痪。阪神大地震给神户带来了难以遗忘的创伤记忆。在神户街头，只要稍加留意就能看到一些停摆的时钟，时间永远固定在5点46分52秒，正是1995年1月17日凌晨地动山摇的那个瞬间。

  从阪神大地震纪念公园沿着海岸的观光甬道散步，途经一座青铜雕塑，一对中年夫妻领着孩子满怀希望地面海而行。

雕塑的基座上刻有"希望の船出"（希望之航），这是"神户港移民船乘船纪念碑"。1908年4月28日下午5点55分，日本第一艘前往巴西的移民船"笠户丸号"搭载着781个日本人从神户港出航，在充满未知和危险的航道中驶向彼岸的新天地，去寻找新生活的机会。"笠户丸号"在搭载无数移民前往海外后，于二战期间的1945年遭遇空袭沉没于海底。1973年，随着最后一艘移民船自横滨出港，日本海外移民潮渐渐平息。

日本向海外的移民

德川幕府时期，由于实施闭关锁国政策，鲜有日本人移居海外。明治时期，日本政府开始有计划地实施向海外大规模移民，以缓解国内的人口压力和工业化开始之后产生的城市流民问题。1868年，第一批日本移民到达夏威夷；1885—1894年的短短9年间，29万日本人移民夏威夷。之后，美国本土的日本移民也增加了，美国成为日本海外移民最多的地方。1907年，日美签订《罗斯福－西园寺绅士协定》，限制日本向美国的移民，日本的海外移民重点转向南美洲。起先，日本移民的目的地是秘鲁、墨西哥和智利，后来转向巴西，并逐步增加。目前，巴西是海外日本人最多的国家，达到180万人。明治之后，日本向东南亚的移民开始增多，并一直持续到20世纪80年代。菲律宾目前是海外日本人第三多的国家（位列巴西、美国之后），人数达到25.5万。现在，海外日本人总数约为380万，就比例而言，与海外的华人数量相当。

早期日本的移民出海是为了谋生，多数被卖作"猪仔"，做最苦、最累的工作，几十万"南洋女"更是以卖淫为代价，为日本创造外汇收入。但是，目前在海外的日本人大多是当地的精英，其中最有名的恐怕是藤森，他在1990—2000年连任三届秘鲁总统，2000年因腐败案逃回日本（他同时也拥有日本国籍）。另一个是日裔美国政治学者福山，他在1989年因提出"历史终结论"而一举成名，但之后他对这一理论做了修正，在《政治秩序的起源》一书里以更广阔的视角探讨世界各个文明（包括中国）是如何实现政治秩序的。

日本控制我国东北地区之后，开始计划向伪满洲国大规模移民。1936年8月，日本制定《二十年百万户送出计划》，计划在1936—1956年期间分四批向伪满洲国输出100万户、500万人，约为当时日本农户总数的

> 3.6%。就此，日本开始输送开拓团，在日本占领军的帮助下向我国东北移民。到1945年日本投降的时候，我国东北的日本移民团员约有22万人，其中一半撤回日本，剩下的一半人当中，4.6万人死亡，3.6万人流失到当地，其余被苏联红军掳到西伯利亚做苦力。[1]
>
> ———
>
> 1　杜伟.日本明治时期的海外移民潮[J].世界民族，2011年第1期；维基百科："二十年百万户送出计划"词条。

蓝天白云下，橘红色的神户塔令人瞩目。落成于1963年的神户塔高108米，由32支巨大的红色钢柱构造出两端宽、中间细的优雅曲面。仰望神户的这一地标建筑，不太浪漫的人大概率会联想到热力发电站的冷却塔，浪漫的人则大概率会联想到在日本能乐中使用的橘红色的日本小鼓。

日本官方旅游网站发布的神户港夜景照片中，能够与神户塔争奇斗艳的是马赛克商业区五彩缤纷的摩天轮。神户港的马赛克商业区集聚了近百家商店、餐厅、咖啡馆、游乐场、电影院，这座三层高的开放式步行街是神户港休闲娱乐和购物的好去处。这里的美食不光以神户牛肉闻名于世，还以西

关西初识

点洋食乃至世界各地美食而著称。一路走过,旁边有法餐、意大利面、咖喱饭、美式咖啡、英式红茶、洋果子、巧克力,大饱眼福之余,味蕾也受到持续诱惑。在三层靠海一侧的平台甲板上,我们找了一家咖啡馆择窗而坐,午后暖阳下海面上波光粼粼,巨大的游轮正在缓缓地掉头出港。

就如何回市区 JR 大巴车站,三个人有两种意见,一种是为图省劲就近打车,另一种是为避免可能的地面交通拥堵选择地铁。前一种当然是喜欢偷懒的大狗的主意,被狗妈和小狗坚决否定,大狗只好在"多数人的暴政"下悻悻地跟着去坐地铁。因为人生地不熟,仓促中坐错了地铁线路,下地铁后寻找 JR 大巴车站也费了些时间,最终错过了 4 点发车回有马的最后一班快车,只好乘下一班慢车回有马。本以为慢车会走盘山路,其实还是先经由穿山隧道上山,只是在山上停留的站点较多,快车半个小时的路程慢车开了一个小时。六甲山上有不少人家,狭窄的山路上在下午四五点的时候还有个交通小高峰,堵起车来。车上多数是进城之后回家的当地人,以中老年妇女为主,穿着打扮与中国大妈无异。虽费了一些周折,但也体验了一回日本民间的日常生活,算是补偿。

回到有马时还能赶上预约私汤。泡温泉后享用第二餐怀石料理,仍然是由竹取亭门山料理长小笠原佳大主厨,菜单与前一天大同小异。其中有一道主菜是以神户牛、牛蒡、菌菇以及小葱为食材的小火锅。神户牛涮着吃也是别有风味。

02 有马和神户

神户的标志——神户塔。
这种采用直的钢柱构造出曲面的建筑叫作直纹曲面建筑

关西初识

怀石料理中的一道主菜：
以神户牛、牛蒡、菌菇、小葱为食材的小火锅

03 京都初见

京都汇集了日本文化的精华,
是一个可以让中国人「遇见」故乡的地方。
京都又是日本现代化的起点,
明治维新的发祥地,是坂本龙马战斗过的地方。

京都，音羽山，清水寺。
音羽山是俯瞰京都的好地方，夕阳西下时分，
冬天肃杀单调的风景染上金辉，变得温暖热烈

锦市场
锦天满宫
清水寺

1月23日。
每个文明都有自己的心灵故乡，
在中国是黄河，在日本是清水寺。
这或许也映照了中国和日本两种不同的文化性格。

今天要离开有马去京都。早餐前去泡温泉。晨间时分空气清凉，山峦幽静。早餐又是色泽绚丽、缤纷多彩，西式早餐的变化较少，日式早餐的当日亮点是丰盛的小火锅，不仅有豆腐、金针菇和蔬菜，还有和牛，品质不输怀石料理的强肴（主菜）。煎鱼也有两样，鲭鱼和三文鱼。竹取亭丸山温泉酒店的料理真材实料，可谓待客厚道。

9点半退房，乘酒店的小巴下山。有马小镇开往各地的大巴由两家公司运营，一家是阪急阪神东宝集团，一家是JR。乘车地点不在一处，售票点也不在一处，但都叫案内所。因此一条街上有两个"各自为政"的案内所。卖JR车票的案内所应该是真正意义上的案内所，既有客服人员耐心答疑解惑，又有旅游宣传品可供取用参考。有马开往京都的大巴是 2018 年 2 月开通的新线路，全程 1 小时 15 分钟，票价每人 1 800 日元（约合人民币 110 元），一天 8 个班次。我们这一班 10 点发车，只有两家人，总计 7 位乘客。高速公路的风景乏善可陈，大巴在 11 点一刻准时抵达京都。这次的下车地点不是长途大巴通常停靠的八条口，而是京都站的南广场，下车后几步之遥就是出租车站台。京都是日本极受欢迎的旅游城市，服务也周到细致。出租车分两队：一队为本地人服务，都是小型车辆；另一队专门为游客服务，都是大型车辆，而且司机略懂英文，这对于带着箱包行李又不会日语的游客就方便很多。这次预订的酒店是刚刚开张的一家新店，名叫京乐（Kyoto River View House Kyou-raku）。酒店位于木屋町五条附近的鸭川河畔，从京都站向北几分钟的车程。因为是自助式酒店，上午前台无人，打电话确认后，我们将行李用酒店提供的绳子系在一起放在前台的柜台里面，下午 3 点之后再回来办理入住手续。酒店的大门是敞开的，撩起门帘外面就是木屋町街道。看来京都的治安达到了夜不闭户的程度。

此行一家三口的分工大致是狗妈负责安排行程、订机票和预订酒店，小狗负责安排吃饭和每天的游览路线，大狗负责好好听话和乖乖走路。京都第一餐跟着小狗到一家叫千之风的拉面馆吃叉烧拉面。这是位于锦天满宫附近的一家网红店，平素经常排着等座的长队。今天时间还早，我们前面只有一对穿着和服的韩国情侣在等座。拉面的汤里放了肉枣，味道浓郁而不油腻，叉烧现做现烤再用油煎过，外焦里嫩。面馆对面是一家叫"乱 RAN Kyoto"的日本音乐剧剧场。每周一、三、五、六演出，每场演出大约 80 分钟，门票 4 500 日元（约合人民币 275 元）。可惜剧场正在装修，暂时停业。

这一带是京都的中心闹市区。吃完拉面出来，不远处就是锦天满宫，以及对面的锦市场。锦天满宫位于锦小路通的东端与新京极通的交叉口，也是锦市场的最东端。据说在明治时代，以锦天满宫为圆心向四周放射出去的新京极、寺町京极和锦小路通，是京都最为繁华的闹市街衢。所以，虽然只是天满宫的分支神社，锦天满宫一直香火鼎盛。日本的寺庙都有自己祭拜的动物神使，比如稻荷大社的狐狸、冈崎神社的兔子，还有天满宫的牛。锦天满宫的门口安卧着一头铜牛。但此铜牛和华尔街的铜牛使命不同。天满宫总社北野天满宫祭奠的是有"日本孔子"之称的日本学问之神、艺能之神管原道真。牛正是管原道真的神使。人们到锦天满宫来祈福，不为发财致富，而为学业有成、技艺卓越。据说每年临近高考，学生和家长来锦市场一定要到锦天满宫拜拜学问之神，求神保佑学业成功。

日本有所谓的"三大厨房"，就是东京的筑地市场、京都的锦市场和大阪的黑门市场。之前我们在大阪时去过黑门市场，颇为失望。锦市场则不负盛名。它初设于天正年间，原名"锦之店"，是江户时代生鲜食品的批发地，后于 1993 年改建并逐渐发展为销售时蔬海鲜、日用杂货、餐饮小食、京都特产等的综合市场，颇受当地人和旅行者的喜爱。与2002年来京都时相比，锦市场的游客更多了，本地人更少了，相应地，一些本地人青睐的商店和物品少了很多，旅游地的气息更为浓郁。

狗妈2018年来京都时，在锦市场的一家小店觅得一副和服腰带，此次再访，那家主营日本传统纺织品的小店还在，只是生意更加清淡，所售物品寥寥，也挑不出品质和样式都好的和服腰带了。后来在新京极路口的一家店中总算觅得一副合意的绿色腰带，买回来改成桌旗。日本风格的图案和花色，为中国家庭的春节餐桌添色不少。

在锦市场和新京极闲逛片刻，沿着木屋町浅浅的高濑川闲步走回酒店，正好可以入住。京乐的房间朝东，面向鸭川和东山。透过整面墙的大幅落地玻璃窗，鸭川两岸远远近近的风景一览无余。冬天还没有结束，鸭川的河水很浅，清澈见底。打开窗户，清风凛冽，可以听到清脆的流水声，似乎有了一些日本和歌诗人的感觉。

放置行李稍事整理后，我们从松原坂过鸭川上的桥向东去清水寺。桥上行人很少，若不是住在附近的酒店，是不会从这里路过的。这座叫作"松原桥"的石桥历史上曾经是通往清水寺的参拜路的起点，后来鸭川上建造了更多的桥，尤其是南边的五条桥，松原桥才渐渐冷清。古时候，桥东的清水坂一带是贫病交困、无家可归的下层民众聚集地，其中不乏麻风病病人。日本政府在20世纪初曾经制定法律，强制将麻风病病人送进与世隔绝的疗养所，造成整个社会对麻风病病人的恐惧、歧视、排挤和隔离。日本电影《澄沙之味》讲的就是麻风病病人的故事。著名女演员树木希林扮演的老人德江以做豆沙的手艺在一家铜锣烧店找到工作，也找到了与有过前科的店主、寂寞的高中女孩的羁绊。在人们得知她曾经得过麻风病后，无名的恐惧和无形的歧视弥漫开来，德江不得不离开她喜欢的铜锣烧小店，回到隐匿在森林中的疗养院。日本政府于 1996 年废除了对麻风病病人进行强制隔离的法律，于 2001 年向麻风病病人及其家属正式道歉并进行国家赔偿。《澄沙之味》里有句台词："吃好吃的东西，就要微笑啊。"

小狗查到在去清水寺的路上，八坂塔附近有一家网红咖啡店"% Arabica Kyoto"，顺路去喝一杯咖啡。跟着导航走过去，一路都是上坡的石阶，游人摩肩接踵，只得缓缓而行。走到店前，发现是间门面很窄的狭长小店，里面已经挤满了人。好不容易买到咖啡，感觉并不惊艳。看来是网红店的名气把游人吸引来了。

清水寺位于京都东部音羽山的山腰上，始建于 778 年，是京都最古老的寺院，曾数次被烧毁并重建，1994 年被列入《世界遗产名录》。清水寺因其历史、建筑和风景吸引着朝拜者，被日本人称为"日本心灵的故乡"，并与金阁寺、二条城并列为"京都三大名胜"。本堂前悬空的清水舞台是日本国宝级文物，四周绿树环抱，春季时樱花烂漫，是京都赏樱名所，秋季时红枫飒爽，又是赏枫胜地。可惜2018年2月来时，清水舞台在修缮，一年后再来，仍然在修缮。不过，游客仍被准许穿过本堂去清水寺后庭和音羽山游览。脱了鞋走在本堂厚重的木地板上，感受一下历史，也算没有白来一回。清水寺后庭有一眼泉水，从山腰流淌下来，名音羽瀑布，流水清冽，终年不绝。这眼泉被列为"日本十大名泉之首"，清水寺也因此得名。音羽瀑布的清泉一分为三，据说每股泉水都有神奇的力量，分别是长寿、智慧、健康。健康之泉曾经是当年日本麻风病病人治愈病患的希望之泉。游客们排队取饮自石檐上方淙淙而落的泉水。队伍还挺长，我们一家三口也从众一回，加入队伍，排到之后用长柄勺子接泉水喝。音羽山是俯瞰京都的好地方，正是夕阳西下时分，冬天肃杀单调的风景被染上金辉，变得温暖热烈。

从清水寺出来，坡下的三年坂和二年坂一带是日本传统建筑物保护区，一路连绵着保留了红壳格子和虫笼窗式的古老町家建筑，极具京都风情。这里有各种日式小吃店、和风杂货店，还有玩偶店、和服店和清水烧瓷器店，是京都买手信的好地方。之前来京都时，曾经偶然在这里的一家叫"明保野亭"的饭店吃饭，这次路上经过，看到门口的介绍，发现这家饭店颇有历史："明保野亭饭店据说是江户时代末期倒幕活动分子的聚会地点，它也出现在描写著名武士坂本龙马的文学作品里。"原来，明保野亭饭店墙外那张大幅黑白照片中的帅哥就是日本著名的倒幕志士坂本龙马。据说坂本身高六尺，相当于1.82米。即使放在现在的日本，也是很傲人的身高了。和坂本龙马相依而居的，是一株参天古树，躯干高耸，肤色黢黑，应该是颇有年代的垂枝樱。

沿着二年坂、三年坂一路下山，不远处就是丰臣秀吉病逝之后，其妻宁宁为祭奠他而修建的高台寺。高台寺择山而立，宏伟华丽。德川家康在击败丰臣家族之后，为笼络人心，稳定政局，不惜财力援助营造。宁宁曾居住于此，故高台寺西侧的小道名为宁宁之道。再往西一带遍布很多幽静的小巷，其中一条就是著名的石塀小路。还有一条无名小巷更加隐蔽，穿过位于一处庭院的入口才发现别有洞天。之前造访时曾经在小巷的一家咖啡店喝过咖啡，店主是位老妇，梳着一条银发小辫，闲暇时就坐着看足球赛。墙上挂着的咖啡杯是各式名瓷，说是她的孩子从世界各地买来送给她的。小巷深处还深藏着神社以及数家高档民宿，完美保留了江户时代的风韵。小巷的巷口贴有标志，告诫游客保持安静。

晚餐本来计划去祇园一家叫豆水楼的饭店吃汤豆腐，却因其在装修未果，于是改吃另外一道著名的京都料理——鲭鱼寿司。小小的寿司店只有几张桌子，夫妇二人经营，都有一把年纪了，老板娘负责待客，老板在吧台后面做寿司。这段时间除了我们一家三口，就只有一位年轻人坐在吧台上，就着啤酒吃寿司。进门之前有两位西方游客带着孩子在门口犹豫徘徊，但最后离开。待我们吃好出门，那家人还在路边寻找合意的饭店，最终见他们选择步入一家中华料理店。看

关西初识

京都，石塀小路

京都，祇园的茶屋

来吃什么常常是一件令人纠结的事情，尤其是在旅途之中，而中华料理往往是一个保险的选择。

位于鸭川东岸的祇园是现代日本历史上最著名的"花街"，据说江户幕府最早是在 1665 年开始允许茶屋在此营业，艺伎、舞伎也渐渐开始在此服务于茶客和香客，距今已有 300 多年的历史。这里至今仍然保留着许多当年的茶屋老建筑，因此在 1999 年被指定为历史景观保护地区。19 世纪初最繁华时，祇园的艺伎多达 3 000 多人。现在祇园还留有 80 多家茶屋，艺伎和舞伎约 120 人。虽然艺伎、舞伎的人数日渐减少，但祇园还保留着由艺伎馆集资建造的甲部歌舞练场。每年樱花盛开的 4 月里，整整一个月艺伎、舞伎都在甲部歌舞练场表演以京都四季为主题的"京都舞"。"京都舞"取材于千年古都的历史故事和民间传奇，以具有京都风情的华丽服饰和舞台设计展现艺伎风采和日本古典歌舞艺术。

夜色中的祇园，低矮的木制建筑焕发着穿越历史的气息，灯光从屋檐下的格子窗中渗出来，照亮狭窄的街道一隅。街边小店的窗外，穿着和服的女孩子买了烤物捧着吃，木屐声夹杂着欢笑声，一路哒哒而去。盘桓于此，觉悟到叫作"祇园"的这个地方可不只是一个园子，而是一座沉淀着厚重的历史的所在。不仅清水寺、高台寺、八坂神社、建仁寺、祇园寺等京都名胜都在祇园范围之内，而且每一条安谧的无名街道，每一栋紧闭门扉的町屋，都在讲述着千年古都的故事。

晚上去先斗町闲逛，回酒店的路上在 7-Eleven 买早餐时，遍寻便利店的角角落落，终于买到一副塑料扑克牌，自此开启旅行途中的晚间娱乐活动。

坂本龙马和倒幕运动

黑船来航之后，幕府与列强签订了许多不平等条约，激起了日本国内攘夷派的强烈不满。恰逢此时，幕府试图推行儒家理学为自己辩护，让攘夷派想起了天皇，于是树起了"尊王攘夷"的旗帜对抗幕府。坂本龙马在这个时候走上倒幕运动的中央舞台。

他于1836年1月3日出生在土佐藩的一个武士家庭。1853—1862年，他几次北上江户，学习剑术和军事技艺。在此期间，他接受了"尊王攘夷"的思想，并加入家乡的勤王党。1862年，因不满土佐藩不随萨摩藩进京勤王，他和勤王党的一些同志一起脱藩，成为"浪人"。同年，坂本龙马遇到从美国学习海军军事归国的幕府开明派重臣胜海舟，为胜海舟的见解所倾倒，成为他的门生。

在攘夷派的压力之下，幕府于1863年同意攘夷，长州藩在下关的海防炮台接连炮击美国商船以及法国和荷兰的军舰，导致美法联手进攻下关，摧毁炮台。因长州藩继续封锁海路，英国联合另外三国海军在第二年再次进攻下关，并让另一攘夷强藩萨摩藩屈服，改变攘夷态度，加入幕府对长州藩的讨伐。这一年，坂本随同胜海舟参与了长州藩和列强之间的调停。1865年，坂本与脱离土佐藩的同僚们一起成立龟山社中，后改为海援队，一边做贸易，一边调停长州和萨摩这两个西南强藩的关系。最终，在他的积极斡旋下，西南两大雄藩于1866年3月结成萨长同盟。然而，萨长同盟走漏了风声，坂本回到京都之后，在住所吉田屋遭遇幕府巡警的袭击，手臂多处受伤，但得以逃脱。这一年，幕府发动对长州藩的第二次讨伐，坂本随海援队直接参与了长州藩的抵抗。因为萨长同盟的约束，萨摩藩没有参与讨伐，再加上幕府将军突然去世，幕府的讨伐没有成功。幕府的这次失败让各藩看到了幕府的虚弱，因而成为幕府倒台的前奏。

除了促成萨长同盟外，坂本对于倒幕运动以及后来的明治维新的另一个重大贡献是提出"船中八策"。1867年6月9日，他陪同土佐藩参政后藤象二郎乘船去京都，在船上向后藤展示了新日本的8项政治纲领，史称"船中八策"，包括：（1）将政权归还给朝廷，政令由朝廷统一发出；（2）设立上下议政局，配置议员以参详重大政事，政事应由公议决定；（3）延揽有能力的公卿诸侯、各地人才以为顾问并赐予官爵，并将向来有名无实的官位剔除；（4）与外国之交往应广泛采纳公议，并致力成立适当合宜的条约；（5）参考折中自古以来的律令制度，撰写新的法典；（6）设法扩张海军；（7）设置御亲兵以守卫帝都的安全；（8）应就金银物价与外国订立平准之法则。这个纲领成为明治维新的指导性文件，大政奉还（第1条）、设立议会和内阁（第2条和第3条）、颁布宪法（第5条）、设立海军部（第6条）、设置近卫师团（第7条）等，都是对这个纲领的实践。日本在甲午中日战争之后废除了和列强签订的不平等条约，实现了"船中八策"中的第4和第8条。

然而，坂本本人却没能看到纲领的实施，1867年12月10日晚上9点左右，他在京都近江屋与同藩倒幕人士、陆援队队长中冈慎太郎商谈时，被幕府的巡警组织见回组成员刺杀，年仅31岁。坂本和中冈都是习武之人，之所以被刺杀，是因为刺客佯装递上名片，趁二人看名片的工夫砍杀了二人。

坂本龙马成为倒幕运动的象征，不仅是因为他促成了萨长同盟，提出了"船中八策"，还因为他不羁的性格和淡泊名利的品格。坂本曾对大政奉还的执行者岩仓具视提出大政奉还后新的政治机构方案和领导人名单，其中却没有他自己的名字。岩仓问："坂本君的名字没有放进去吧？""在下无论如何也是个公务员吧。"坂本回答。岩仓笑着问："那么今后究竟做些什么呢？"坂本大笑回答："世界海援队吧！"

关西初识

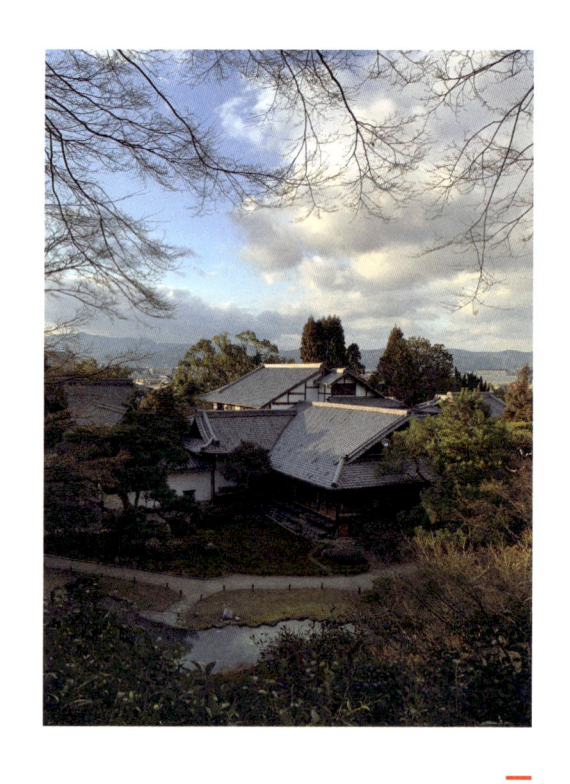

青莲院。
从粟田山上回望青莲院的华顶殿、龙心池，
夕阳余晖中，皇家氛围随清风飘散，
重回简单宁静的平常人世间

03 京都初见

修学院离宫
传统产业交流馆
青莲院

1月24日。
要看日本的古迹，可以去奈良；
但要看有人间烟火的日本古迹，就必须去京都。

今天的第一个节目是参观位于京都北边的一处皇家御所——修学院离宫。日本有一个神秘的政府机关，叫作"宫内厅"。顾名思义，宫内厅的责权范围是宫内事务，也就是与日本皇室成员相关的一切事务，大事如关乎日本君主制度延续的皇室继承人的诞生和选择，小事如关乎皇室公共形象严肃性的王妃是否可以为亲王撩拨一下吹乱了的头发。那么，皇家御所，当然也属于宫内厅的势力范围，受宫内厅管辖。宫内厅所辖皇家御所共5处，除了东京的皇宫外，其他4处都在京都，分别是京都御所、仙洞御所、桂离宫和修学院离宫。参观京都御所不用预约，参观京都的其他三处御所需要在宫内厅网页上预约。春秋两季，尤其是樱花季和红叶季，这几处皇家御所都会爆满。冬天游客较少，也就比较容易预约。

2018年狗妈来京都时曾经参访桂离宫。桂离宫由后阳成天皇的弟弟八条宫智仁亲王创建。传说智仁亲王眉清目秀，资质聪颖，10岁就熟读日本和歌《古今集》。丰臣秀吉得天下后，因无后嗣，曾认智仁亲王为养子，并赐其继承权。然而，秀吉之子出生后这一养子关系随即解除。智仁亲王17世纪初获此位于京都西部桂川的封地后，于元和元年（1615年）开始建造山庄别墅，并取名桂山庄。他去世后，他的儿子智忠亲王迎娶了加贺藩主的女儿，获得女方娘家可观的财力支持，遂进行了重建和扩建。桂离宫是日本园林的典范之作，造园依据却出自白居易的《池上篇》，园中茶屋书房的名字也都出自中国古诗文。比如，月波楼就是引自白居易描写西湖的《春题湖上》之"月点波心一颗珠"。

湖上春来似画图，乱峰围绕水平铺。
松排山面千重翠，月点波心一颗珠。
碧毯线头抽早稻，青罗裙带展新蒲。
未能抛得杭州去，一半勾留是此湖。

确实，桂离宫的风景足以诠释诗中意境。在桂离宫的高光时代新建的几处新御殿很有特色。比如，松琴厅的蓝白方格墙纸，放到现在也是非常大胆前卫的用色，而笑意轩横匾的书法以及处处取景的窗口设计尤其令人印象深刻。明治十六年(1883年)，这处山庄别墅作为皇家园林由宫内厅接管，并正式由"桂山庄"更名为"桂离宫"。桂离宫最幸运的是自建造至今从未遭受火灾，因此基本保持了原始风貌。到了近代，宫内厅又斥资买下了周边7 000平方米的农田，以便远隔周边建筑，保护园林景观。

保护园林景观之举的一个"副作用"是给游客带来了交通不便。去程从京都市内尚可打车前往，回程打不到出租则要穿过广袤的农田，步行很久来到大路上，才找到回市区的公交车站。放眼望去，周边车少人稀，一片荒凉，却有家小店遗世独立。小店门上挂着蓝色暖帘，上书"中村轩"。猛一看误以为是"中关村"，不由顿感亲切。从喧嚣的京都来到肃穆素雅的皇家别墅，再邂逅乡里乡气的"中村轩"，不禁要去小坐小酌。店内主要供应京果子，可外卖，亦可堂食，可热饮，亦可凉食。体谅外国人不习惯盘膝而坐，热情的女主人特意将客人引入后院的西式食屋。脚下的榻榻米下铺有地暖，暖意缓缓升起，窗外是两米长、一米宽的日式小庭院，方寸之间也装点得精致雅观。

此次的三人京都行，吃和行由小狗负责。年轻人优先选择公共交通，次优选择"11路"巴士——走路。喜欢走路看风景或坐公交"体察民情"的狗妈当然赞成这样的绿色出行方案，却苦了离开车寸步不愿行的大狗。去修学院离宫当天我们选择乘坐地铁。下了地铁还需步行一段路。到了离宫门口，时间尚早，天开始零零星星飘起雪花。大狗需要一点儿热量，就到路边自助售卖机买了热咖啡，刚暖和一下，又被胁迫着去旁边的无名神社一游。途经安静清洁的民宅区，家家门前三包，或植红色枫树，或种黄色蜡梅，沿着木栅栏栽着的紫金牛垂着一丛丛红色浆果，有的人家院子里还有挂满枝头的橘子伸出墙来。街区的一处墙面上画着标志着各家各户的房屋位置以及户主姓名的详细的社区地图。

修学院离宫被誉为日本建筑和园林设计的最佳典范。和完整一体的桂离宫不同，为了不破坏周边的农田，背依比睿山的修学院离宫特别修建为下御、中御和上御三处，依次分布在山坡上。上中下三处御所之间的农田以田间小道连接，小道两旁种植着松树。这种特别的设计是为了在天皇出行时遮挡田里劳作的农人的视线。据说现在这一大片农田仅由三个人管理耕作，种植着水稻、蔬菜等各种作物。我们路过时正好看到有人在收获壮硕的大葱。眼见为实，狗妈终于知道大葱的葱白部分是长在地下的。上御茶屋是整个修学院离宫的精华之处，位于三处御所的最高处，面积也最大，有45 900平方米。坐在茶屋的回廊上，可以遥望俯瞰京都城。上御茶屋修建时专门从音羽川引水而来，经雄瀑和雌瀑一高一低两个瀑布泻入名为浴龙池的大池中。浴龙池中以三个小岛形成中国皇家园林惯用的"一池三山"的传统格局。其中中岛上建有穷邃亭，中岛与山体间建有枫桥，中岛与万松坞间建有千岁桥。有意思的是，千岁桥的两个桥头亭并不对称。东亭的灰色屋顶上屹立着一架金色凤辇，西亭则为传统的庑殿式屋顶[1]。浴龙池西面筑有长达 200 多米的巨大土堤，称西浜。土堤上种植着一层层密密的植篱，有常青植物，也有落叶植物。因此，每个季节的景观色彩自是变幻不同。

和注重雕梁画栋、精雕细琢的中国园林相较，日本园林更加侧重人与自然的关系，更加注重借用生动的自然山水，让人的生存与自然环境在造园过程中得以和谐体现。中国人注重物为我用，日本人则把人融入自然。日本的和歌、俳句都是从汉诗演化来的，但不像中国诗人那样寄物思情，抒发人世间的苦楚，而是直接把人寄于自然。如西行法师的俳句：

吉野山连山，
樱花开满梢，
那日看花回家转，
此心不再随我心。[2]

因为喜好融入自然，日本人的审美情趣趋向于空灵，如晚冬里凛冽的流水，夹带着还没有融化的冰凌。所以，日本人的性格里有很脆的一面，就如冰冻的花朵，平常晶莹剔透，

---

1 日语称"寄栋造"，是中国、日本、朝鲜古代建筑的一种屋顶样式。在中国是各屋顶样式中等级最高的，高于歇山式。明清时只有皇家和孔子殿堂才可以使用。在唐朝时的中国和日本也见于佛寺建筑。
2 藤田正胜.日本文化关键词 [M].李濯凡，译.北京：新星出版社，2019：4.

一遇打击立即脆碎。在冬天里访修学院离宫，我们亲身感受了日本的文化精神。

下山路上途经一家本地人经营的咖啡店，卖各种咖啡豆并可以现场烘焙。于是挑选了一种咖啡豆请店主现场操作烘好，在京都的几日，每天早上就有新鲜的咖啡喝了。

下一站是平安神宫。乘公交车到达时已近中午。小狗遍寻附近的餐馆，挑中附近一家网红面店。门口排着十来人的队伍，好在十几分钟就排到了。吃罢拉面，又去隔壁咖啡店坐一会儿，既喝咖啡，也打个盹，精力充沛了再去平安神宫。

平安神宫是 1895 年为庆祝京都成为平安京 1 100 年修建的纪念性神社，是我们的 2002 年日本环岛游中在京都参观的主要景点。那时候信息匮乏，不知为何在京都就只选择了平安神宫，而错过了古都的其他景点。这次再来，这座为了致敬王朝文化而仿造平安京太极殿建造的神宫除了建筑和庭院占地规模可观外，没有让人感觉到太多的特别之处。的确，与千年古都动辄数百年历史的神社寺庙甚或古老的町屋比起来，只有 120 多年历史的平安神宫基本上属于现代建筑了。

神宫对面是京都的传统产业交流馆，免费参观，空旷无人，却是一个了解日本传统手工业尤其是京都的传统手工艺品的好地方。虽然游客寥寥，还有匠人坚守在现场表演手工艺制作。大狗正认真看着展览，展台上突然就有个大活人动了起来，大狗被吓了一大跳。京都的名物在交流馆里都有集中而详细的介绍。

莳绘京漆器。"莳绘"的日文之意是"撒上去的画"，也是漆器制作的最后一道工序。具体是将金屑、银屑加入漆液中，待干燥后做推光处理，以呈现精美的金银色泽。有说莳绘是日本自创的独有漆工艺技法，也有说莳绘是由唐代"于漆面播金屑成花纹"的末金镂漆工艺技法衍生而来。

清水烧。京都的制陶历史可追溯到 8 世纪，后来发展出很多流派，统称为京烧。而清水烧是其中的佼佼者。之所以名为清水烧，是因为最早的窑口建于清水寺附近，并渐渐在周边聚集了很多有名气的窑厂。历史上各国历代帝王将相皆对陶瓷情有独钟，陶瓷也因此成为身份象征。为了迎合皇室贵族对茶具的要求，清水烧以绚丽华美的彩绘为特点，工艺和装饰都极为考究，被誉为画在陶瓷上的风景画。

西阵织。和清水烧一样，西阵织因出产于京都西阵地区而得名。西阵织有日式蜀锦之称，与中国的云锦、壮锦、蜀锦、宋锦同为"东方五大名锦"。西阵织工序繁杂，多达 20 多道。如此精工细作之物，旧时主要为传统和服以及和服腰封之用，现今也为领带、围巾和居家装饰所用。西阵织的和服腰封因为图案华丽高贵、织物厚重感强，尤其为人推崇。在传统产业交流馆里，工匠坐在展台上现场制作西阵织，带着访客体验驰名天下的传统纺织手艺。

京扇子。诞生于平安时代的扇子，是京都最著名的工艺品之一，作为茶道、香道，以及能剧、狂言、舞蹈等各种文化艺术活动中不可缺少的道具，成为日本传统文化的一个象征。时至今日，日本绝大多数扇子还产自京都，尤其是装饰扇、舞扇、茶扇这类专用扇子。和西阵织一样，扇子的制作工序，从破竹切片到裱纸穿骨，也足有20道以上。旧时曾经与武士佩刀一样备受尊敬的京扇子，今日依然在神社参拜、新人大婚等重要的仪式上作为不可或缺的道具发挥作用。

京人形。人形玩偶是每个日本家庭必备的摆设，而京都产的人偶最为著名。和西阵织、京扇子一样，京人形的制作也是一个完全靠手工的极其精细的过程。并且术业有专攻，不同的工匠分别负责京人形不同部分的制作，比如头和手足分工制作，头发、服装、道具也是分工制作。近水楼台先得月，匠人会选用华丽的西阵织为人偶制作和服，完全是真人穿着的和服真品的微缩版。

京都名产既有由历史悠久的老字号百年老店出品的，也有在传承中创新的新晋品牌出品的。价格未必越老越贵。如果不刻意追求品牌，在京都很多地方都能寻到做工精致、设计别致的名产好物。我们曾经在车站的百货店伊势丹大卖场以很亲民的价格买到一对漆器茶叶盒。

参观过工艺博物馆后时间尚早，小狗又查到青莲院门迹就在不远处，因此虽然原本没有计划，还是步行前往，而这一不在日程安排中的邂逅，竟成一个不期而遇的惊喜。京都的寺庙非常多，可以用杜牧的诗形容："南朝四百八十寺，多少楼台烟雨中。"众多的寺庙又归属众多的派别。青莲院属于天台宗派。天台宗，又称法华宗，是中国最早本土化的佛教宗派之一，因创始人智𫖮常住浙江台州的天台山而得名。9世纪初，日本僧人最澄奉诏随遣唐使入唐求法，在天台山得传天台教义，并将天台宗传到日本。最澄自唐朝请回日本的宝物除了佛教经典，还有中国的茶叶和茶籽。虽然后来又有日本僧人荣西在天台山研习佛法，修学茶艺，并因著有《吃茶养生记》而被誉为日本的"茶祖"，但史上记载将中国茶叶传播海外的第一人，当属最澄。

冠以"门迹"的寺庙，都与日本皇家渊源甚深，往往是日本皇族出家所居的寺庙或者是由皇族担任住持的寺庙，再或者是天皇躲避天灾人祸时临时居留的寺庙。青莲院就是天台宗总本山——比叡山延历寺的三门迹之一（另外两处是妙言寺和三千院）。每当京都御所发生火灾之时，天皇就搬到此处居住。京都御所火灾多发，天皇就曾数次来此居住，青莲院背靠粟田山，遂又得名"粟田御所"。据说青莲院现任住持的姑姑（前任住持的姐姐）正是天皇的母亲。难怪青莲院的气氛庄严肃穆，华顶殿、小御所，处处流露着秉节持重、雍容华贵的皇家风范。

青莲院中以龙心池为中心的庭院是一个令人静下心来沉浸其中的地方。坐在华顶殿的廊檐下向东望去，龙心池中的跨龙桥和洗心瀑相映成趣，锦鲤游弋其中，近处的青苔、远处的山麓无不散发着一种可以触摸到的宁静。走出华顶殿，绕过龙心池，徒步上山。粟田山的山坡上植被丰富，有枫树、樱树，有枝蔓葱茏的灌木，还有各种浆果和野菜。站在密密的、高高的竹林旁回望脚下的青莲院,夕阳余晖中,皇家氛围随清风飘散,重回简单宁静的平常人世间。

走出青莲院,门外那棵巨大的樟树应该就是川端康成的小说《古都》里的那棵樟树:"青莲院入口处的石墙边上,只种着四株成排的樟树。其中跟前那株可能是最老的。……只见大樟树的枝丫以奇异的弯曲姿态伸展着,而且相互盘缠,仿佛充满着一种令人畏惧的力量。"这大约就是千年古都的灵魂。

此时已尽黄昏,一天下来,大狗已经到了刷步极限,心里可能只有一声呐喊:"I am not going any further!"(我走不动了!)小狗和狗妈参观庭院、散步后山期间,大狗早早跑到门外一边等待,一边刷手机,小狗和狗妈从另一边的出口出来,看了他好久,也笑了好久,还未被发现。

京都和它的时代

日本的第一个首都是奈良。桓武天皇(781—806年在位)即位之后,决定迁都到北边的长冈京。迁都的原因是奈良已经被贵族和僧人把持,桓武天皇想摆脱他们。桓武天皇派弟弟、册封太子早良亲王督建长冈京,784年天皇迁入。第二年,天皇以谋杀罪流放早良亲王,实际上是因为不想让早良亲王接自己的班。早良亲王在流放途中绝食而亡。长冈京经常发洪水，民间传说是遭到了早良亲王阴魂的报应。桓武天皇因此决定再次迁都，在东北方向建平安京，就是今天的京都。

平安京的布局模仿盛唐的长安。整座城市位于鸭川西岸，北部是皇宫，贯通南北的大道仿照长安命名为朱雀大街，两边分左京和右京。由于右京多沼泽，人口集中在左京。贵族集中在左京北部，贫民集中在左京南部，并逐步跨过鸭川向东发展。长安城的坊市布局也被复制，平安京像长安一样设有东市、西市。

桓武天皇于794年迁入平安京，由此开启日本的平安时代。在这个时期，日本的经济有了较大的发展，本土文化兴起，其中一个成就是10世纪发明的片假名。在此之前，日语完全采用汉字书写，表意和表音混用，非常不方便，片假名发明之后，书写更加灵活，推动了日语书面文字的普及。佛教也在这一时期实现更大的繁荣，给京都留下了无数的寺庙，许多到今天仍然存在。

但是，在政治上，天皇还是无法摆脱贵族的干预。事实上，天皇从来没有建立秦以后中国皇帝那样的权威，日本天皇的地位和中国春秋时期诸侯的地位差不多，受到贵族的钳制,甚至被取而代之。贵族控制天皇的办法是与天皇联姻,获取特权地位,成为天皇政府的实际掌门人摄关。平安时代的前两任天皇还有所作为,之后就被藤原家族控制,如藤原道长在30岁时称关白,到晚年已经是天皇和皇储的祖父、三位皇后的父亲,实际掌管国家达31年之久。

贵族依赖武士控制国家。随着贵族地位的稳固,他们开始过上养尊处优的生活,给武士们提供了一个夺权的机会。几次武士叛乱之后,源赖朝于1192年在镰仓建立幕府,把天皇变成傀儡,成为日本的实际统治者。在忽必烈两次进攻日本之后,镰仓幕府走向衰落,各地倒幕运动纷起,但政权最终落入武士足利尊氏手中,后者于1338年把幕府迁回京都,建立室町幕府。在这一时期,京都的城市格局发生了较大的变化,北部继续成为贵族的聚集区,南部则演化为工商业聚集区。100余年之后的1467年,应仁之乱爆发,京都是主战场,整座城市几乎被毁。此后日本进入150年的战国时代,直至德川家康于1603年建立德川幕府,日本的政治和社会才再次稳定下来。德川家康把幕府设在自己的地盘关东地区的江户(今天的东京),所以德川幕府时代也被

> 称为"江户时代"。天皇仍然居住在京都,继续过着被人遗忘的生活。但因为幕府将军每年会到京都住一段时间,京都的地位并没有完全衰落,城市也从应仁之乱的废墟中恢复起来,是江户之外日本最重要的城市。

我们在有马的竹取亭温泉酒店已经品尝了怀石料理,但那毕竟是酒店的料理,并不算十分正宗。到京都之后预订了樱川怀石料理,从青莲院出来,一家三口就奔料理店而去。

樱川怀石料理餐厅位于高濑川边上的木屋町,已有40年历史,2019年被评为米其林一星餐厅。叫樱川的怀石料理,在东京还有一家,是2016年被评为米其林一星的,似乎更加有名。京都怀石料理有名者众多,比如菊乃井,比如南禅寺的瓢亭,而这家樱川,和它所在的街道木屋町一样低调、静谧。晚上的夜怀石分两档,20 000日元(约合人民币1 229元)11道,16 000日元(约合人民币983元)9道。怀石料理分为料亭和割烹。料亭是更为高级的怀石料理,用餐环境考究,并有女侍者服侍,料理在厨房烹制,由女侍者送至餐室或者餐桌。而割烹料理,客人通常在吧台边围坐,一边聊天一边观赏厨师制作料理的全过程,并与厨师互动,了解每一道料理的食材和做法，环境既可以上得厅堂般高雅，也可以下得厨房般家常。樱川提供的割烹，吧台一共有10个座位，当天晚上除了我们一家三口，还有另外一行5人的公司部门聚餐。5个人的角色很是鲜明，长者稳居最西端的位置，身边依次是机灵者、次长者、稳重者和木讷者。长者主导寒暄，机灵者抖尽机灵，不时引发大笑，而坐在最东端的那位木讷者则全程基本没有发声。

餐厅里除了两位厨师，还有一位女侍者，三四十岁的样子，身着蓝色和服，笑容温暖如春。因为语言不通，她特意拿来一本厚厚的《食材图典》，每上一道菜肴，就翻到有这种食材的那一页，用不太娴熟的英语为我们讲解。这顿怀石料理基本上以各种新鲜的海鲜为主要食材，有鱼、虾和海胆，再配以当季的时蔬，比如紫苏花、油菜花，还有怀石料理的主打底材——萝卜。最后上米饭的时候，佐餐的是咸菜炒牛肉粒。鱼的种类繁多，有日本料理中常见的三文鱼、金枪鱼，还有鲳鱼、白鱼。日本的鲳鱼体型比中国的更大，产自北海道熊本县河川里的白鱼，体型也比中国常见的银鱼要大许多。寿司非常新鲜，佐料芥末用新鲜的山葵现磨而成，并不是通常食用的芥菜种子研磨而成的那种。虽然都叫芥末，但其实这种调味品在各个国家并不是同一物。黄芥末源于中国，是用芥菜的种子研磨而成，是真正的芥末；绿芥末源于欧洲，用辣根（马萝卜）制作，添加色素后呈绿色。而日本的Wasabi和芥末的关系最远，是由山葵根研磨出来的山葵酱，并不是芥末。

对照怀石料理的标准菜单，樱川的这一餐夜怀石的基本菜谱如下。

- 先付け－开胃小菜：一小盅汤，汤色很清，但是非常鲜香，点缀着三段葱白。
- 八寸－季节性主题菜肴：共有三样小菜。一方盘寿司，有黄色的鱼子、红色的虾和白色鲭鱼三种，搭配深绿的油菜花和浅绿的抱子甘蓝；一盅白色豆腐皮炖黄色海胆，配以现磨的浅绿色山葵酱，放在半个黄色的橘子壳中，橘子壳再搁在小碟里，吃完了拿起橘子壳，可以看到碟子底画着的金猪和写着的"招福千支""亥"的字样；还有一个更迷你的小盅，里面也是一份精致小食。
- 向付け－季节性生鱼片：三种生鱼片，最惊艳的是上面搭配的一枝紫色小花，查了食物图谱，原来是这个季节正在开放的紫苏花，紫苏清香的味道正好中和了生鱼片的辛腥。
- 炊き合わせ－炖煮什锦：以白色的萝卜碎汤为底，一块红鲷鱼，几丝红色胡萝卜，一棵小青菜，撒上一点搓下来的黄色的橘子皮。萝卜碎末汤非常惊艳，没有萝卜的辛辣，反而将萝卜的甘甜凸显出来。
- 盖物：用盖食器装盛的食物，通常为汤，或茶碗蒸。有豆腐、牛蒡、山药，以及葱段和黄色的橘皮丝。

- 烧物：体型非常大的鲳鱼片，放在裹成卷的毛巾上以便形成一个自然的弧度，然后快速地在鱼皮上划出长条纹，再煎烤至鱼片焦黄，而鱼肉还非常细嫩。配菜还是整理成小刷子模样的白萝卜，以及两片薄薄的黄色的烤土豆片。
- 强肴－主菜：樱川提供的是炸白鱼。日本白鱼类似中国的银鱼，但要大很多，裹了面浆炸好就已经很诱人，主厨又拿着一大块棕黄色的像是陈年干酪的东西，用擦子擦下碎末洒在炸银鱼上。原来那是鲻鱼鱼子。《食材图典》里不仅介绍了鲻鱼的产地分布等情况，还专门图文并茂地介绍了鲻鱼鱼子酱的制作过程：将鲻鱼的卵巢清洗干净，以食盐灌入腌制，结扎紧致，放置一昼夜后，绞尽水分，再以日光晾晒干燥，最后制成口味和食用方式类似帕马森奶酪、质感类似切达奶酪的风干鲻鱼鱼子酱。
- 御饭：就是米饭，无限量供应，但吃至此，半小碗已经足矣。
- 香物：米饭搭配三样腌菜，萝卜、脆瓜各一小撮，海带两片。另外还有一小碟咸菜炒牛肉粒，很下饭。
- 水物：餐后甜点，蜜瓜、葡萄、桃等甜美多汁的传统高级水果。我们去的时候正是柚子的季节，柚子日语叫 yuzu，但和中国的柚子并不一样，更小、更黄，更接近橙子。街边尤其是郊外的房前屋后，可以看到正挂着果的柚子树，大片大片的墨绿色叶子中间点缀着黄澄澄的成熟的柚子，构成一道风景。百货店的食街里，也在促销柚子制品，有柚子汁、柚子醋、柚子酱。日本酒以梅子酒最多，这个季节还有柚子味道的柚子酒，用冰镇的苏打水调制来喝，甘甜爽口。酒量不好的人，喜欢水果味道的人，最为适用。因此，这一餐樱川怀石料理的最后一道水物，就是两片放在天青色小碟中的柚子，另外还有一块核桃仁点心。柚子是凉的，点心是热的。这个温度，也需要搭配起来。辅以一杯日本茶，结束。

这一餐怀石料理以鱼为主，少了几样怀石料理常见的菜肴，如酢肴、冷钵和止椀。

短短几天，品鉴了三次怀石料理，收获颇丰。日本料理注重新鲜，其中尤以怀石料理为上乘。怀石料理的哲学是"不以香气诱人，更以神思为境"，其精湛之处，在于只限于选取四季里的应季食材设计出应季菜单，而且，在重视季节感的同时，最大限度地利用和发挥食材的色泽、香气和味道。这和日本人追求的美学境地是一致的，清灵、亲近自然，如早春刚解冻的河水一样清冽。相较之下，中国的美食讲究融合，使尽各种手段，搭配各种食材，做出来的菜品一定要色、香、味俱全，比起食材的纯正，食客更关注这些东西。这也和中国人的审美一致：不是融入自然，而是让自然成为自己表达情感的寄托物。

临走，主厨不断鞠躬，女侍者更是一路将我们送至门外路边，笑意盈盈地鞠躬送别。夜越深越美丽的木屋町游客渐稀，昏黄的街灯映照着高濑川的潺潺流水，一路向南。这一带是京都夜生活的大本营，自东向西，有鸭川、先斗町、木屋町和高濑川，这两町、两川，是京都人间烟火最盛之处，尤其是在夜晚。

鸭川是一条天然河流，自北向南把京都分成东、西两半。先斗町是鸭川西岸位于三条通到四条通中间的一条小巷，狭小到车辆无法进入。石叠小路两边的町屋鳞次栉比、连墙接栋，除了花街特有的商业形态，多为餐厅、居酒屋和俱乐部，白天闭门谢客，晚餐时间才点亮灯笼开始营业，是京都吃夜宵的最佳去处。东侧的店面毗邻鸭川的一侧一般都设有露台，客人可以一边品味佳肴美酒，一边近距离观赏鸭川景色。

木屋町与高濑川并行，比先斗町幽静许多，但幽静中隐藏着不少具有历史背景的去处，如丰臣秀次家族墓地、坂本龙马遇刺之地等。

高濑川是一条人工河，全长 10 公里，河宽 7 米，是京都富商角仓了以于 1611 年开凿的。自木屋町二条通那里开始从鸭川分流出来，形成鸭川的支流，然后与鸭川平行向南流淌，在陶化桥附近重新回注鸭川，流至东山区的福稻再次分流，流经伏见区，最后流入宇治川。

04 雪色京都

明治维新是日本现代化的转折点，雪色京都的古迹之中隐藏着它的密码。

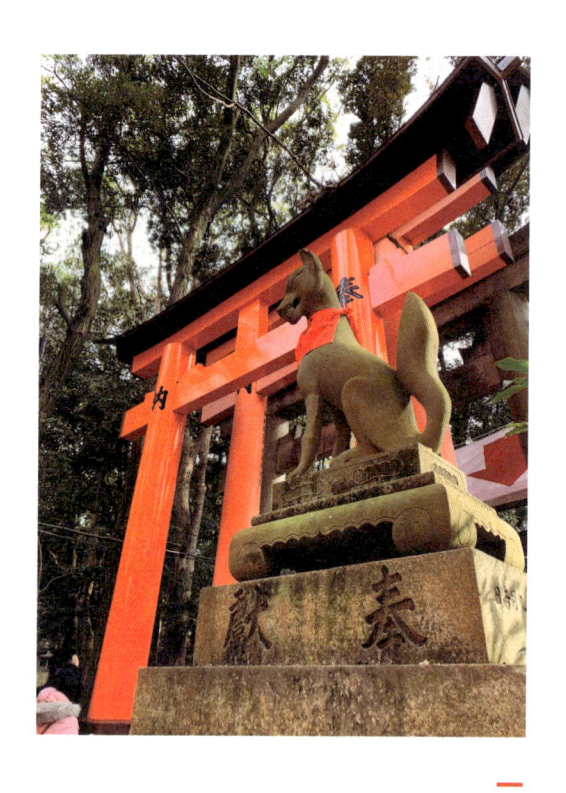

伏见稻荷大社

伏见稻荷大社
京都站
二条城

1月25日。
日本民间信奉的神千奇百怪，
明治维新之前的日本社会从来没有实现像古代中国那样大一统的秩序，
如此却让明治维新变得不那么艰难。

  京都最令人印象深刻的景点之一是伏见稻荷大社。伏见稻荷大社建于8世纪，祀奉诸位稻荷神。日本本土的神道教是多神教，各路大神数不胜数。稻荷神是主管谷物丰收的神，传说中有时以男人形态出现，有时以女人形态出现，甚至会变化成蜘蛛等其他形态。他有两个随从，白色的狐狸和狸猫。到了后来，稻荷神不仅管农业，也开始管商业、交通，都是最要紧的事情。这就不难理解为什么前来祭拜的人数众多了。稻荷大社也就理所当然地成为京都地区香火最盛的神社之一。

  我们从五条那里乘坐JR，经过东山寺，不过十几分钟，就到达伏见。短途 JR 的票价仅 400 日元（约合人民币 24 元），比城里的地铁还便宜一些。从伏见站的站台开始就感受到神社的气氛，除了熙熙攘攘的游客外，瞩目的还有站台的柱子，不是一般车站的灰色或者蓝色，而是非常亮眼的朱红色。这是模仿千本鸟居的形状和色彩设计的牌坊式样，只要看到车站的鸟居柱子，就知道到站了。

稻荷大社的入口矗立着一架巨大的鸟居，是丰臣秀吉于 1589 年捐建的。进入神社，依次是主殿、偏殿。偏殿处很多人在排队等待进入主殿参拜。这些人大部分西装革履，一看便知是商社或者其他商业机构组织而来，参拜目的很明确，祈求稻荷大神保佑他们生意兴隆。以家庭为单位入殿参拜的人反而并不多见。

神社里面最神气的是各式各样的狐狸石像，因为日本神话里狐狸正是为稻荷大神传书报喜的使者。狐狸看上去真没闲着，有的嘴里衔着一把稻穗，有的含着一颗宝珠，有的叼着一把钥匙，有的咬着一封文书。但不管口中宝物有何不同，它们都是高昂着头、颇有权威的样子，一副尽心尽责报告丰收、守护粮食的劲头，和我们通常看到的狐狸形象差距很大，这就是所谓相由心生的一种体现吧。对更多前来稻荷大社的普通旅游者而言，丰收的喜讯也好，公司的股票也罢，却都无关紧要，他们更关心和更向往的是神社主殿后山上的"千本鸟居"。在稻荷山一片郁郁葱葱之中，一条由几千座鸟居构成的朱红色隧道，绵延不绝，从山脚直达稻荷山的山顶，再自山顶绵延而下。我们走走停停，全程大约两个半小时，应该有四五公里的路程，完成了一次"山之巡礼参拜"。大狗三番五次打退堂鼓，时不时问上一句："还有多远啊？"想起小狗小时候跟着爸爸、妈妈开车长途旅行，斜坐在后排，从梦里醒来时，会懒懒地冷不丁地问上一句："到了吗？"后来看过一部电影，无聊的小孩在长途旅行的汽车后座上发出的灵魂拷问也是："Are we there？"（"到了吗？"）

走到路途的三分之一处，山坳中有一片平整的空地，开着一家饭店，游人大多在此消歇片刻。这家的冰激凌，尤其是浸在红豆羹里的绿茶冰激凌非常惊艳，绿茶味道纯正浓郁。大狗吃了冰激凌，斗志昂扬起来，自此一路奋发而上，终于登顶。

伏见稻荷大社始建于和铜四年（711年），是日本4万多所稻荷大社的总社，因此也是保佑日本商业繁荣昌盛、五谷丰登之神的"原居地"。千本鸟居最早的一座据说是由电通公司捐的，我们看到的多为平成年间修建的鸟居，是木质的，也间杂着更早年间，比如大正年间（1912—1926年）修建的，那就是石质的了。认捐一座鸟居的价码并不是很高，折合人民币一般在20万元左右。鸟居中偶尔也能见到几尊狐狸石像。千本鸟居既有光鲜亮丽的新晋者，也有暗自褪色的失意者，年代、大小各自不同，都是对兴隆生意和美好生活的虔诚心愿。阳光透过鸟居的缝隙照射下来，光影在石阶上舞蹈，有清风吹拂而来，令人着迷。

大狗在当日的微博里说:

> 京都第三日,上午去伏见稻荷大社。这是日本最大的神社。伏见是地名,稻荷大概是丰收的意思。现在是商家祈福的地方,沿着山路是密密匝匝的鸟居,都是商家捐的。狐狸是报告喜讯的动物,很奇怪。沿路看到几拨西装革履的商业人士集体上山朝拜,算是他们的团建活动吧!日本的神教允许敬不同的神,于是就出现了道家的太上老君,也有观音,专门送子的,而且一个送男孩,一个送女孩。日本人往往以自己遵守规则为豪,如《菊与刀》里一位日本人所说的,日本人遵守道德是渗透到血液里的习惯,而中国人遵守道德是算计之后的结果。诚然,中国人更务实,因此更可能变成机会主义者,但看一下民间宗教,日本人的机会主义风气也蛮厉害的,想要什么就敬什么神。说到底,坚守原则在任何文明里都是贤人志士才能做到的,多数人都是机会主义者,因而法治是必要的。

大狗这番有深度的思考已是后话。实际情况是,他一路飞快地下得山来,给他力量的,是上山之前见而不得所以心心念念的几样小吃:年糕、柿饼和烤肉串。柿饼是他的最爱,年糕是他怀旧念物,而烤肉串则纯粹是为了解馋。全世界旅游景点的小吃其实都是一样的,物不美价不廉,但人们就是不能够理性，大狗虽是经济学家，亦然。柿饼眼看着就是不新鲜的劣质品，有的已经发黑。年糕虽然看着很白，吃起来就知道基本没有糯米成分。只有烤牛肉倒是尚可。

回城后，我们到京都站的和幸餐厅吃午餐。和幸供应各种炸猪排，猪排厚度有两厘米的样子，因而能够锁住水分，外层裹着的面包糠非常酥脆均匀，既不生硬也不焦煳，炸得正到火候。搭配卷心菜沙拉的柚子醋很爽口，后来在京都各店遍寻未得，留下遗憾。狗妈点的是菲力猪排烧锅，洋葱鸡蛋铺底，猪排滋润可口；小狗点的是加大份的炸猪排，大狗点的是普通份。卷心菜和米饭无限量供应。但是吃了分量可观的猪排后，一碗米饭都无法解决掉。但见旁边独自一人就餐的韩国女孩，米饭和沙拉又各加了一份，大快朵颐，来得晚，吃得快，走得早。

饭后匆匆一览京都站的建筑。虽然京都以古都著称，有数不尽的亭台楼榭、神庙寺院和名胜风景可以盘桓，但京都站仍然值得花些时间了解参观。因为，和其他大城市的火车站不同，京都火车站除了例行的运输功能外，还承载着作为京都开放式露天舞台以及城市全景观赏点的作用。车站里有大型开放阶梯，上方的活动舞台有表演的时候，观众可以坐在阶梯上观看。屋顶花园可以360度鸟瞰京都全貌。另外还有购物中心、酒店、剧场、电影院、博物馆、展览厅，并放置了不少值得品味的大型艺术品。

我们的下一站是二条城。下午2点半赶到那里。在大阪可以领略丰臣秀吉从一介平民登上权力顶峰的历史，在二条城则可以见证德川家族的荣枯兴衰。这座城始建于1603年，是江户时代的第一代将军德川家康在京都的办公地和住所，为后期德川幕府将军继承。德川幕府的总部在江户（今天的东京），但幕府将军每年有一段时间会到京都居住，对天皇表示形式上的尊重，住所就是二条城。庆应三年十月十四日（1867年11月9日），第十五代幕府将军德川庆喜在二条城举行"大政奉还"仪式，结束了德川幕府的统治。后来二条城曾作为政府办公地，也曾作为皇家仪式场所，但很快就向公众开放，成为一处景点。二条城的大殿二之丸是感受17世纪日本建筑风格的最佳地点，这也是它被联合国教科文组织列为世界遗产的原因。

二条城被高高的巨石砌成的围墙包围，甚是威严。进大门之后有一个小瓮城，经边门才进入城堡。城堡分外城和内城。外城里的主要建筑大殿——二之丸，是幕府将军办公的地方。屋内木板铺地，走在上面会发出吱呀作响的声音，这种木地板有个好听的名字叫"鹂鸣"。地板发出声音并非因为年久失修，而是一种对付夜间来袭的刺客的专门设计，吱吱作响的地板让他们不易隐藏。到了这种地方，大狗不喊累了，因为到处是他喜欢的木材。大殿非常庞大，有许多房间，每个房间里的墙壁上都有绘画，其中一幅画的是老虎，但看起来更像猫，有些蹊跷，后来参观京都御所方才得知缘由。德川庆喜举行"大政奉还"的房间位于大殿后部，很大的空间中现在放置了按照当时仪式排列的人物塑像。正前方跪坐的是德川庆喜，他对面跪坐的一群武士，大概是各地藩主，个个都神情严肃，大概是知道一个时代就要结束了吧！

内城与外城之间不但有城墙隔开，而且有护城河。内城中的主要建筑是幕府将军的寝殿，还有已经被雷电大火毁掉的天守阁。日本的古代建筑没有避雷设施，较高的建筑极易被雷电击中。历史的变迁、权力的转移、皇权的恢复，在二条城屹立迄今的城堡中流传百年，而它的那些主人却早已如二条城里付之一炬的天守阁，烟消云散。

大政奉还和幕府的终结

德川家康是日本"战国三杰"里笑到最后的一个。早年他是一位大名家的家督，后独立出来，与织田信长结盟，四处征战。织田死后，他继续和丰臣秀吉结盟，统一日本之后获封关东，得到远离丰臣的发展机会。丰臣去世之后，德川纠集东部势力组成东军，在关原合战中战胜丰臣政权的西军，在江户设立幕府，确立自己的统治地位，最终经大阪夏之阵和冬之阵，彻底消灭了丰臣的势力。

古代日本有严格的封建等级制度，如中国的周朝一样。德川幕府时期，等级制度进一步巩固。幕府将军是最高统治者，控制着全国四分之一的土地和许多城市。将军下面是几百个大名，都有各自的封地。将军和大名都有自己的武士，他们也能得到封地或俸禄。为了防止大名造反，将军要求每个大名都在江户建立居所，大名在一年之中要来住一段时间，名曰"参勤"。将军、大名和武士占当时日本全部人口的10%，是幕府时期的特权阶层。中间的10%左右是工商业者，底层的80%是农人，地位最低下。

德川幕府实行闭关锁国政策。第二代幕府将军德川秀忠禁止基督教，对国内的基督教教徒大肆迫害。自1639年之后，除了荷兰人外，欧洲人被禁止到日本做贸易。

由黑船来航引发的倒幕运动，从根本上动摇了幕府的统治。迫于萨长联盟的压力，刚接任幕府将军一年的德川庆喜不得不于1867年接受由坂本龙马提出的大政奉还，重新确立天皇的最高地位。但是，大政奉还之后，德川庆喜把持了新政府，引起萨长联盟的不满。在岩仓具视、西乡隆盛、大久保利通和木户孝允等倒幕派的领导下，西南雄藩于1868年1月3日发动政变，赶走了德川庆喜，天皇宣布"王政复古"。此后，倒幕派军队和幕府军队开战，在最关键的鸟羽伏见之战中，倒幕派军队击败幕府军队。江户幕府正式落幕，日本进入一个崭新的时代，随即发生的明治维新让日本走上现代化强国的道路。

直到明治维新，日本的皇权从来没有获得像秦以后中国君主那样的大一统地位。镰仓幕府之前，天皇的权力受制于皇后家族的势力；镰仓幕府之后，天皇在800年的时间里基本上过着被国人遗忘的生活。幕府将军的权力也大不到哪里去，他必须时刻提防大名们的反抗。对比一下中国和日本的现代化历程，就不得不感叹历史的吊诡。中国很早就建立了近似于现代国家的治理模式，本应该是值得国人骄傲的事情。然而，当西方列强的炮舰来袭的时候，这个体制却成为阻碍中国走上现代化道路的巨大羁绊。在大一统的皇权下，只要皇帝没有变革的意愿，现代化就无法启动。就统治的娴熟性而言，古代日本的政治无法与古代中国的政治（特别是汉、唐、北宋的政治）相媲美。然而，政治的不成熟，反倒让当时日本的现代化变得更加容易。尽管幕府将军不想现代化,但几百个藩属中间,在世界大潮面前总会出现几个醒悟者,幕府最终倒在首先觉醒的几个西南雄藩手中,也不足为奇。

04 雪色京都

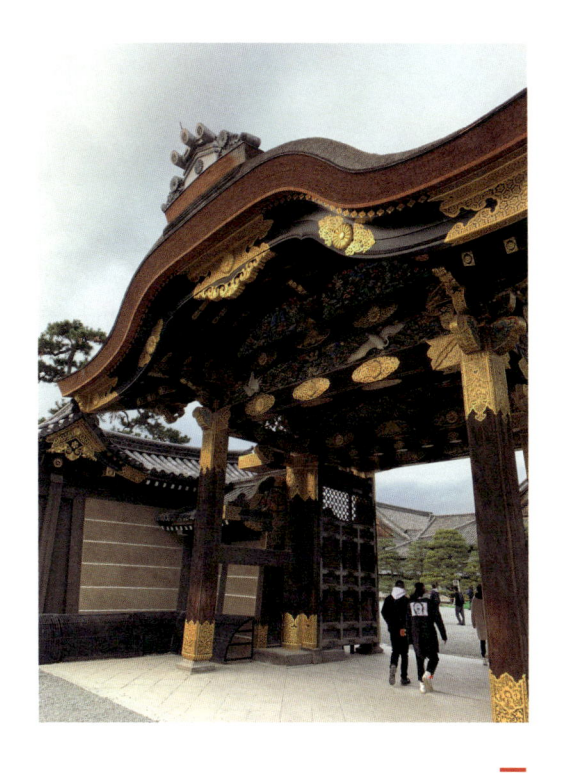

京都，二条城的唐门

关西初识

京都的雪
京都御所
同志社大学

1月26日。
明治天皇用自己的行动向日本国民昭示，天皇也是凡人，但由他发起的皇民教育也为日本走向军国主义埋下伏笔。今天的日本能够成为一个发达的世俗社会，既是因为日本从失败中吸取了惨痛的教训，也是因为无数仁人志士付出了不懈的努力。

  夜里下雪了。早晨起来，拉开窗帘，看飞雪飘舞在鸭川上，落到河里，平静地化掉，有了日本文人的感觉。

  寒冷的一天开始了，今天一家三口要分道扬镳，各奔前程。三人一起出发，搭上出租车先将小狗和狗妈送到京都御苑，大狗再继续乘车去京都大学开会。京都御苑位于京都的北部正中，还是当年平安京的位置。这是一座很大的皇家园林，东、西、南、北比邻的四条大街分别是寺町通、乌丸通、丸太町通和今出川通。御苑里有三处建筑群，分别是京都御所、仙洞御所和京都迎宾馆。京都御所坐落在御苑的西北方，紧邻乌丸通。乌丸通是贯穿京都南北的京都第一大街，原来以中国长安的朱雀大街命名。小狗和狗妈在乌丸通蛤御门附近下车后，进入京都御苑，却见御苑里空无一人，只偶尔有冒雪跑步的附近居民经过。沿着京都御所的南墙向东，走到仙洞御所打听，确认今天不是休息日，又折返到京都御所西边，从供游客出入的清所门寻门而入。不知平日里的情况如何，今天这个下雪的日子，也许因为太冷，游客寥寥。京都御所是宫内厅管辖的唯一一个不需要预约也不需要门票即可参观的皇家御所，并且提供日文、英文和中文的讲解，也是免费。上午 10 点有一场中文讲解，10 点赶到集合地点案内所，中文组只有我们二人，成了专场。后来才陆续又有三家人加入队伍。讲解员永田小姐虽然中文有些生硬，但非常认真耐心。

京都御所是明治维新前日本天皇的居所，古称"内里"。从桓武天皇于 794 年迁都于此，到明治天皇于明治二年（1869 年）迁都东京，这期间的 1 000 多年，京都御所一直是日本天皇的住所。千年之间，京都御所多次遭遇火灾，每一次被大火摧毁后又再次重建。明治天皇在这里发布《王政复古大号令》和《五条御誓文》，迁都之后，大正天皇和昭和天皇还在这里举行过即位大典。永田小姐还特别提到 2019 年的天皇退位和即位大典。明仁天皇的"退位礼正殿之仪"于 2019 年 4 月 30 日举行，皇太子的"即位礼正殿之仪"于同年 10 月 22 日举行。可惜，举行的地点是东京的皇居，而不是京都御所。

关西初识

　　京都御所是于1855年重建并保留至今的建筑。南北长约450米，东西长约250米，呈长方形，面积约11万平方米。御所的四面墙垣以石垒就，东有建春门，南有建礼门，北有朔平门，西有皇后门、清所门、宜秋门。御所里最重要的中心区域是靠近建礼门的紫宸殿区域，是天皇即位、接受朝贺的地方。皇后居住、办公的地方，被称为皇后御常御殿区，在御所北部僻静处，不在游览路线中。二战时期御所曾经遭到空袭轰炸，包括厨房等部分建筑被摧毁后没有再修复。因此明仁天皇访问京都时，并不居住在京都御所，而是下榻于旁边的仙洞御所，因为那里具备烧火做饭的条件。我们跟着永田小姐，依次游览御车寄、诸大夫间、新御车记、紫宸殿（高御座和御帐台）、建礼门、清凉殿、小御所、御池庭、御学问所、御内庭。向永田小姐请教并获知几个小知识。

　　　　为什么在很多日本建筑中，比如稻荷大社的鸟居、平安神宫以及御所的廊柱，使用的是特别鲜艳夺目的橘红色，而不是相对稳重威严的朱红色？答案：本来是想学中国用朱红色，但日本没有制作朱红色颜料的物质，只能退而求其次使用橘红色。

　　为什么地上铺就的沙子有的是白色，有的是黑色？答案：白色的一般铺在内院，为了夜里借光照明。

　　为什么壁画上的老虎看上去像猴子或猫，就是不像老虎？答案：日本没有老虎，画家模仿中国画中的老虎，参照猫的模样而作，这大约就是"照猫画虎"的由来。除了京都御苑，之前在二条城，之后在相国寺和博物馆看到的日本老虎，都是一副"老虎不发威，你以为我是病猫"的样子，失去虎威的日本虎，倒别有一番憨态可掬。

还有几个重点介绍的地方。

紫宸殿。皇宫建筑群中的主要建筑。在桓武天皇迁都平安京的时候，大内正殿紫宸殿前，从宝座的方向看，右侧种植一棵橘树，称为"右近橘"，左侧种植一棵梅树，称为"左近梅"。但是在喜欢樱花的仁明天皇在位期间，梅树枯死后改种了樱花树，这既是时代变化的象征性事件，也标志着日本人审美观的变迁。如今，京都御所仿照古制，重新种植了左近樱和右近橘。京都的很多神宫也都跟着模仿，在殿前种植一樱一橘，从面向殿堂的观赏者的角度看，右边为"左近之樱"，开粉红之花；左边为"右近之橘"，结橙黄之果。登基大典时，天皇将坐上刻有菊花的"龙椅"，这也是日本君主政体常常被称为菊花王朝的原因。昭和天皇之前，登基大典都在京都紫宸殿举行，之后就改为在东京皇居的正殿举行，但"龙椅"一般都放置在京都御所。所以，举行庆典时得把放在京都的"龙椅"运到东京去，一路上得小心翼翼、重兵相守。2019年10月22日新天皇登基的时候，紫宸殿的龙椅便要被运往东京履行职责。

三大神器。日本天皇在即位时要接受象征天皇地位的三大神器：草薙剑、八咫镜和八坂琼曲玉。草薙剑代表支撑天皇统治地位的绝对武力，八咫镜则象征天神向人间传递神谕的传话筒，而日语里"玉"与灵魂的"灵"同一发音，因此八坂琼曲玉代表的是神灵的传承和吉祥好运的意思。只可惜据说除了八坂琼曲玉，其他两样宝物的原件已经灭失：剑沉大海，镜碎瑶池。八坂琼曲玉也是常年不见天日，传说还有某位天皇好奇心重，曾经试图一睹玉容，小心翼翼将盒子打开一条缝，就见盒中冒出一股白烟，惶恐之余只好作罢。

桧皮屋顶。就是用桧树皮一层一层铺就的屋顶。日本古建筑的屋顶大致有瓦葺、桧皮葺（用扁柏皮）、柿葺（用细长木片）、茅葺（用茅草）几种。除了瓦葺应用最广泛外，神社建筑和其他高等级居所一般用桧皮葺，低等级宗教建筑或者非正式佛殿的佛堂，比如鹿苑寺的金阁和慈照寺的银阁多用柿葺，穷苦百姓人家和寻常茶室多用茅葺。桧皮葺之所以高级，是因为桧树皮生长周期漫长，刮一次皮需要生长10年。

御内庭。这里的松树被修剪成乌龟、仙鹤的形状，寓意万寿无疆，而旁边的一个不起眼的小茅屋是天皇躲避地震的防震棚。

向永田小姐致谢道别后，我们到案内所休息片刻，在自助售货机上买了热茶，倒不是口渴，而是为了暖和一下冻僵的手指。

小狗和狗妈中午分别和各自的朋友吃饭。还有一段时间，小狗带着狗妈冒着越下越大的雪，沿着京都御苑北墙外的今出川通向东，去下鸭神社附近的一家有名的京果子店买京果子吃。这家店的招牌是"出町ふたば"，翻译为汉字应该是"出町双叶"，百度地图上标记为"名代豆饼 Demach Futaba"。据说这是一家有着百年历史的果子店。又据说，京都的很多知名神社附近，经常会搭配着知名的传统悠久的京果子店。比如这家出町双叶，就在下鸭神社附近。即使不了解这家店的悠久历史，看到店员们身着类似食堂员工的白色工服，女店员头扎白色布巾，男店员头戴白帽，脸上笑容可掬，口中唱收唱付，手脚麻利地从摞得高高的点心笼子里面拿出各式果子，也知道这一定是一家有来历的老店。在这样一个大雪纷飞的中午，柜台外不一会儿就排起了长队。柜台上方挂着果子的招牌：丹波大纳言之赤饭（红豆米饭）、丹波大豆福豆大福、丹波大豆黑豆大福，还有田舍大福、栗子大福，以及提早报春的初春樱饼。狗妈是个个都想要，最后挑选了两三种豆大福和初春樱饼。红豆大福带着些许咸味的糯米皮上嵌着一粒粒饱满的红豆，里面包裹着密密实实、香甜可口的红豆沙。咬一口下去，想起《澄沙之味》里德江太太写给铜锣烧店主的信里说的话：在煮红豆沙的时候，会仔细倾听红豆的低语，就是想象着红豆经历的雨天、晴天，又是怎样的风将它带到了这里呢？

京都和神社共生的京果子店还有不少，去神社的时候不妨顺路探访。

出町双叶：下鸭神社附近，京都市上京区出町通今出川上青龙町236。营业时间：8：30—17：30，周二和每个月第四个周三休。

神马堂：上贺茂神社附近，上贺茂御园口町4。营业时间：7:00到卖完，周三休。

一文字屋和助：今宫神社附近，紫野今宫町69。营业时间：10:00—17:00，周日休。

出町双叶京果子店西侧紧邻着出町桝形商业街，这条长100多米的拱廊街，顾客以本地人居多，两侧开着面包房、甜品店、菜店、理发店，还有旧书店，一贯朴实低调的风格，充满了柴米油盐酱醋茶的烟火味。菜店的门口摆着当季的各式蔬菜，茼蒿的日文写作"春菊"，倒是很形象。

在京都，除了游客云集的新京极、锦市场、寺町通等著名的拱廊街外，不少像出町桝形拱廊街这样本地化的商业街也得以保留下来，可以体味京都老百姓的日常生活。20世纪80年代，商业街上开始出现规模化的超市，为了抵消大型连锁超市对小商业的侵吞，附近的居民在商业街里举办祭祀等活动，增进街坊邻里之间的联系，使得拱廊街在大型超市的阴影下得以生存。[1] 拱廊街的上方悬挂着万国旗，五彩缤纷中飘浮着一个巨大的海鱼模型，还有京都动画公司的电视动画片《玉子市场》的大幅剧照。电视剧中的女主角玉子

---

1 小林丈广，高木博志，三枝晓子.京都，流动的历史[M].谢跃，译.北京：社科文献出版社，2018：272.

家的年糕店"玉屋"和对玉子暗生情愫的男主角饼藏家的年糕店"大路屋"面对面地开在一条叫作玉子市场的拱廊商业街上，而玉子市场的原型就是出町桝形商业街。

中国人最熟悉的日本动画片之一《铁臂阿童木》，是国内引进的第一部海外动画。阿童木这个勇敢、正义，穿着短裤的大眼睛机器娃娃是很多人的儿时记忆。距今已有百年历史的日本动漫是日本第三大产业，在全球独占鳌头，鲜有对手。2019 年 7 月 18 日，位于京都伏见区的京都动画公司被纵火，不仅建筑被烧毁，更有 36 位员工不幸罹难。京都动画公司，昵称"京阿尼"，其创始人八田洋子曾经在创作《铁臂阿童木》的日本"漫画之神"手冢治虫的虫工作室工作。"京阿尼"的这把大火震动了全日本的心，整个日本动画界深受重创。

明治维新和明治时代

明治天皇于 1867 年即位，第二年改元"明治"，取《易经·说卦传》中"圣人南面而听天下，向明而治"之意。接着明治天皇将首都迁至江户，改江户为"东京"，开启东、西二京的格局。

1868 年 1 月 3 日，倒幕派发动政变，赶走大政奉还之后仍然摄政的德川庆喜。当日,明治天皇宣布《王政复古大号令》,宣布废除幕府、废除关白和摄政等命令。随着倒幕派在鸟羽伏见之战中取胜,幕府退出日本的舞台,4月6日,天皇发布《五条御誓文》,明治维新拉开序幕。

明治维新在最初的几年里,完成了几个方面的主要改革。一是实施"版籍奉还",即将诸藩大名的领地和领民奉还给天皇。二是创设宪法,实行君主立宪体制,建立行政、立法和司法机构。三是废藩置县,实行土地改革,中央政府直接控制土地税收,完成中央集权。到此,日本才完成了2 000年前中国完成的事情。四是废除"士农工商"的身份制度,实行"四民平等",取消士族特权。

明治维新是日本现代化的起点,开启了日本向西洋学习的篇章。在思想上,福泽谕吉的"脱亚入欧"论成为日本朝野上下共同认可的指导思想。如当年向中国学习一样,日本开始不遗余力地引进西方的制度、法律、技术,乃至穿着打扮和饮食习惯。尽管初期出现一些怪胎现象(如西装上衣配日本和服),但总体而言,日本向西方学习,不仅节奏快,而且成绩斐然。到1894年甲午中日战争爆发时,日本已经有足够的实力打败先行开展洋务运动30年的中国。究其原因，主要是日本不仅学习西方的技术，而且学习西方的制度。中国是"师夷长技以制夷"，而日本是里里外外想变成"夷人"。

然而，日本也从欧洲列强那里学到了19世纪的强盗逻辑，朝野上下被社会达尔文主义笼罩。对内，甚至放任资本家对下层民众的残酷剥削，政府自己也加入其中。最为臭名昭著的是贩卖几十万妇女下南洋，以换取外汇收入，20世纪70年代末的日本电影《望乡》对此有形象的描述。对外，日本对东亚大陆实施扩张政策，在甲午中日战争之后控制朝鲜、中国台湾，后来又迫使朝鲜与之合并。1904年，在中国东北地区发动对俄国的日俄战争，大胜俄国。日本因此自信心膨胀，谓之"黄种人第一次战胜白种人的战争"。随后，日本开始向着军国主义狂奔,直至1931年9月18日发动"九一八事变"，侵占中国东北全境，1937年7月7日发动全面侵华战争，1941年12月7日偷袭珍珠港，发动太平洋战争，最终，1945年8月15日被迫向盟军投降，以彻底的失败结束了长达半个世纪的扩张。

明治天皇被公认为日本现代史上最有作为的天皇。他推动了明治维新，作风亲民，取消了笼罩在天皇身上的神秘色彩，还天皇以俗身。然而，在很大程度上，他也要为日本后来转向军国主义担负一定的责任。如1890年颁布的《教育敕语》，宣扬以天皇为核心的国家主义和皇民教育，最终被军国主义者利用。他还积极支持甲午中日战争和日俄战争，鼓励日本在中国东北的扩张。

也许是因为父母和先辈近亲结婚，明治天皇的下颌突出，牙齿咬合困难，就像同样受近亲结婚困扰的哈布斯堡王朝君主们一样。晚年他受糖尿病困扰，59岁就去世了。近亲结婚在各国皇室中都很普遍，中国也一样，清朝后期的几个皇帝，要么短命，要么无法生育，都与近亲结婚有关。皇族之间近亲结婚，目的要么是保护皇权不旁落他人之手，要么是建立政治联盟，以便在外敌入侵或夺权者出现时有个帮手。

中午时分，小狗坐地铁去东山那里和大学室友安东尼会面。安东尼的父亲是日本人，母亲是加拿大人，但父母早已离异。他和双胞胎哥哥大学毕业之后都到日本工作，哥哥在东京，他在一间山区学校教英语。在美国的时候，安东尼似乎对自己的种族认同不是很清楚，到日本工作可以让他感觉舒服一些。可是，他的日语并不流利，一个人在日本的山区教书，着实有些难为他呢！狗妈送走小狗，就沿着今出川通去同志社大学，去见2017年在墨尔本访问时认识的朋友金春。那时我们都在墨尔本大学访问，同住在校园南大门边上的研究生公寓里，公寓每日供应早晚两餐，在餐厅偶尔会遇到。但我们一直以为她是日本人或者韩国人，直到某天的年中晚会上正巧相邻而坐，交谈起来，方才知道她是中国人，在中国人民大学毕业后到京都大学深造，随后又到同志社大学法学院任教。她是朝鲜族，又在日本生活多年，难怪会被错认是韩国人或者日本人。

京都有名的大学有三所：京都大学、同志社大学和立命馆大学。同志社大学和立命馆大学就是关西地区"关关同立"四所有名的私立大学中的"同"和"立"。作为同志社大学诞生地的今出川校园，位于京都御所西边正对面的位置，拥有历史上及建筑学上众多重要和知名的建筑物。同志社大学的创办人新岛襄（1843—1890年）是第一位获得海外高等学位的日本人。当时的日本闭关锁国，德川幕府禁止本国平民出国，违反"锁国令"者严惩不贷。1864年，21岁的新岛襄在美国"柏林号"船长的帮助下逃离日本，驶向上海。在上海换船后，又在海上漂泊一年多，终于抵达波士顿。随后，在船主的资助下，新岛襄先入菲利普斯学院寄宿学校学习，又考入美国著名文理学院——阿默斯特学院学习法律并获得学位。在美国读书期间，他系统地研究了西方教育体系，立志将西方教育理念引入日本。在美期间,他参与接待过日本第一个赴美使团,受到明治维新三杰之一的木户孝允(桂小五郎)(1833—1877年)的赏识。明治维新之后,新岛襄回国,在木户孝允的支持下,几经挫折不懈努力,终于得以在京都开办了日本历史上第一所基督教大学,即同志社大学。新岛襄受西方教育影响,赞同妇女独立和解放,他的妻子山本八重(1845—1932年)也是日本历史上的奇女子。2013年的日本大河剧《八重之樱》讲的就是山本八重的传奇一生。八重的哥哥山本觉马是维新志士,为新岛襄创办同志社大学倾囊相助。妹妹山本八重经哥哥介绍与新岛襄相识,结为志同道合的夫妇。八重自幼性格刚烈果敢,能文能武,年轻时女扮男装投身保家卫国的战斗,留短发、挎长枪,后来协助新岛襄办学,倾尽一生证明"谁说女子不如男",和新岛襄一同践行男女平等、自由博爱的理念。说起来这又是一段佳话。

金春带着狗妈在学校里四处参访,讲解各栋建筑的历史和典故。同志社大学与京都御所一街之隔,与相国寺比邻而居,如此得天独厚的位置,随处遗留着历史的"蛛丝马迹"不足为奇。图书馆西侧的"启真馆旧址"匾额,就是移自御苑的古建遗存。图书馆南侧研究生院的大门,据说来自某个皇亲国戚的私宅,现在伫立在基督教教堂不远处,看上去却并无违和之感。就像北京大学西门里贝公楼西侧的两柱高大的华表、未名湖里的翻尾石鱼,原本都是圆明园的属物,近百年后已然成为燕园的符号。之后我们在学校里的一家法式餐厅用餐。校园里开着家法式餐厅，可见同志社大学的国际化程度。饭后寻访与大学毗邻的相国寺。

相国寺是1382年幕府将军足利义满（1358—1408年）创建，属于日本佛教临济宗的五山（天龙寺、相国寺、建仁寺、东福寺和万寿寺）之一。作为临济宗的大本山，模仿开封相国寺建造的京都相国寺曾经是京都规模最大的寺庙，除了本寺外，还包括鹿苑寺（金阁寺）、慈照寺（银阁寺）和真如寺等所谓的塔头。它位于京都御所北面，与同志社大学一墙之隔。据说同志社大学其实就是在相国寺不能恢复的寺院建筑的地基上建造的，至今相国寺和同志社大学之间还有土地官司，而且堂堂以法律为翘楚学科的同志社大学，居然还输了这场土地官司，可见相国寺的诉求确实是有理有据。鹿苑寺和慈照寺，原本只是相国寺的寺外塔头，如今人们趋之若鹜，而相国寺里却稍显寂寥，游客寥寥。鼎盛时期，足利义满在相国寺修建七重塔，高达110米，曾经俯瞰京都全城，也是足利义满权力的象征。可惜的是，在应永六年（1399年）落成后只过了区区四年，相国寺就在应永十年（1403年）毁于雷火，后来一而再、再而三地重建又重毁，终于灭失。

如今的相国寺，虽有名胜却显低调。寺里的天承阁美术馆，不仅收藏着鹿苑寺和慈照寺等塔头寺院的珍贵艺术品，比如伊藤若冲的《鹿苑寺大书院》，而且常年设有各种日本画派的画展。观展之中，我们在此邂逅了京都最美的雪景。

04 雪色京都

下雪的时候，我们正好经过美术馆的一处庭院。雪一会儿下得很大，一会儿又停。雪一停，太阳就出来，煞是美妙。坐在庭园中看光影变幻，听雪落无声，一瞬就是千年的感觉。离开美术馆时已是艳阳高照，路上却又突然风大雪大起来，正好一只白鹤从一泓墨绿色的池水中凌空飞起，伸展着雪白的双翅融入漫天飞舞的雪花中。那种对比，终生难忘。

晚上一家三口相约在先斗町与四条交叉的南口碰面。四条河原町一带是京都最热闹的商业区，几家老字号的百货店聚集于此。狗妈在路上很巧地碰到了刚和小狗分手的安东尼。他穿着迷彩服，背着个挺大的双肩背包。后来听小狗说，里面放着一根刚刚在东山一家网红面包店买的法棍。狗妈和小狗碰面后在先斗町找了一家烤肉店。大狗在京都大学的会议结束后很快也到了。雪天的晚餐吃烤肉是个不错的选择。饭后沿着先斗町和木屋町向南，散步回旅馆。

04 雪色京都

京都
关西机场
北京

1月27日。
京都，樱花盛开时再见！

关西八日游要结束了，今天下午的航班从关西机场回北京。早餐之后时间尚早，过河到鸭川东岸散步。雪后空气清新，能见度很高，清水寺和音羽山麓历历在目，白色的积雪覆盖着黑色的町屋屋顶，对比分明，风景如画。鸭川的流水清澈凛冽，河里的石头清晰可见，河水遇到石头泛起涟漪，柔和绵长。对于日本人的审美情趣，再一次感同身受，流连忘返。想起宋人郑觉斋的词："问弄雪飘枝，无双亭上，何日重游？"待打车到京都站八条口汽车站时，时间已经比较紧张。眼见旅客们纷纷上了开往关西机场的大巴车，狗妈不由得一路疾奔，跑到车站里面的自动售票机购票。买了票，忘了拿找零就往外跑，后面一位中国旅客大声喊着"小姑娘！小姑娘！"把钱送了出来。如此误会令狗妈着实美了一番。到达关西机场，一家三口分工明确，两位男士去吃午饭，女士去做最后一分钟采购。关西机场的免税店网罗了关西和京都的各种旅游必买品,除了化妆品、药品和各种果子,这里还有各种日本清酒、梅子酒和橘子酒等。马上就要过年了,都是不错的应景手信。这样大包小包地班师回朝,狗妈心里才踏实。

05 高濑川上的樱花

京都让人流连忘返的景色之一是高濑川上的樱花。
樱花落入高濑川早春的清水之中,
如冰凌一般洁净、清脆。
这就是日本人的性格。

京都，木屋町，
高濑川旁的窗棂和盛开的樱花

高瀬川

寺町通

本能寺

4月3日。
漫步妩媚的高瀬川和市井的寺町通，
感受日本人的性格和历史，思考中日两国之间的联系，
旅游就不仅是"游"了。

1月一家三口游关西，意犹未尽。回到北京之后，狗妈和大狗就计划着去京都看樱花。京都最好的樱花时节是3月底，但因为一直调不出时间，只好利用4月初的清明节假期去。本以为只能赶上樱花季的尾声，但因为今年天气冷，京都的樱花花期推迟一个多星期，反倒阴差阳错赶上了京都的樱花盛季。从北京去京都，最合适的国航航班是CA927。一早8点40分出发，飞行时间大约2小时40分钟，北京时间和东京时间有一个小时的时差，于北京时间11点20分，当地时间中午12点20分左右抵达大阪关西机场。从关西机场到周边的几个城市最方便的交通是机场大巴，虽然不及新干线快速，但出了航站楼就可以上车，到达市区的地点也是相

对中心的地带，反而方便。1月去的时候，因为大狗着急，直接打了出租车去大阪，出租车费近15 000日元，开车的日本爷爷级司机一路狂奔，和他一样爷爷级的丰田车让人闻了一路的汽油味。这次狗妈坚决选择性价比高的大巴，没想到就差点儿出了差池。

入关仍然很快，而行李到达更快，入关后赶到传送带时行李已经被取下并整齐地摆放在一边。下了飞机还没有入关，大狗就要求吃饭，所以我们二人一人拖着一个大号旅行箱，骨碌骨碌地从一楼到达层辗转到二楼出发层的餐饮区觅食。上楼后迎面就是一家拉面馆，遂入座并点了一人一份套餐。机场餐饮的分量通常较少，这家的拉面倒是量大份足。除了一碗面，套餐里还有两个实实在在的米饭团子和一碟五只装的饺子，拉面里还有不少在日本物以稀为贵的蔬菜。桌子上除了酱油、辣酱等调料，还有一小罐加了辣椒酱的剁碎的生韭菜，大约类似中国的香菜，加到面里调味。汤足面饱之后，大狗启动下一步程序：上厕所。狗妈嘱咐大狗出来后在航站楼外边找大巴8号接驳站，狗妈先去自助售票机上买京阪高速大巴的车票，并排队候车。结果，两人就此开始失联。打电话不接，发短信、微信悉数不回。大巴来了，眼见旅客依次排队陆续都上了车，站台上的日本大叔很同情地安慰狗妈，用生硬的英文加上手势说还有5分钟才会发车。这时就见大狗举着一杯星巴克咖啡，一脸无辜慢慢悠悠地走了过来。狗妈不禁"训斥"几句，让日本大叔见识了中国太太的厉害。

正好小狗来微信询问，大狗自我反省回复道："大狗不留心，不着急，不报告，还擅自去买咖啡，差点儿误了车，让狗妈着急了。大狗下次不了。"总之，到达机场，大狗得依次完成吃喝拉撒，才能上车，上得车来，还要补上一项——睡，这才算齐活。

大巴行驶一个半小时，下午3点半到达京都站北边的八条口车站。和1月相比，4月初的京都已经不再寒冷，但因为之前两天有雨，这天的最高气温只有12℃，凉意习习，街上很多人还穿着冬衣。从地下通道穿过新干线，到京都站前坐出租车。供外国游客打车的专用停车点广告牌上写着"We understand simple English. No extra charge"（为外国人准备的出租车，不收附加费）。来此载客的是清一色的大型车，方便放置游客的行李箱。出租车沿着鸭川东岸向北行驶，渐渐地路上的车流和路边的人流都密集起来。樱花季节，是京都最热闹的时节。鸭川河畔，那些冬日里枯枝寂寞、无人问津的樱花树，绽放出一片一片粉色或白色的如云雾般的花朵。

车到三条大桥，过河沿着高濑川边的木屋町折向南行驶一小段，就到达了此行入住酒店所在的小胡同。酒店叫里索尔（Resol），南北方向上处于三条和四条之间，西邻宽敞热闹的河原町，东街狭窄低调的木屋町。沿着木屋町缓缓流淌的高濑川就在咫尺之遥，是京都赏樱花的最佳所在。酒店进门右手处，有一间四五平米见方的小展厅。原来，这里曾经是明治维新时期的倒幕志士后藤象二郎寓居的遗址。展厅里有展板简单讲述明治维新的历史，可惜只有日文，无法读懂。陈列品中有一把日本刀，估计是后藤象二郎或者坂本龙马使用过的。还有真人大小的后藤象二郎和坂本龙马的照片模板，访客可以和这两位著名的倒幕志士并肩合影。酒店靠着河原町的出口旁还立有一座小石碑，上书"后藤象二郎寓居之迹"，旁侧立有一块木牌，上有英文，说明这里是后藤象二郎曾经住过的地方，里面设有纪念展厅。后来又了解到，酒店北边的一条小街上，还有坂本龙马的海援队办公地点的遗迹。他的遇难地"近江屋"，就在不远处的河原町上。南北向的河原町和木屋町，东西向的四条和三条之间这一带，曾经书写了日本近代史上很多重要的篇章。

我们放下行李后就去高濑川赏樱。之前就知道高濑川的开凿者角仓了以是安土桃山时代京都的一代巨商。他得到丰臣秀吉和德川家康的扶持，通过幕府许可的朱印船进行海外贸易而获得巨大财富。但富甲一方并不足以令他史上留名，享有"日本的大禹"之称的角仓毕生致力于日本的河流治理和开发。1606—1611年，他先后疏通了大堰河、富士川、贺茂川和天龙川。在洪灾泛滥的旧时日本，如此作为造福百姓的角仓理所当然受到民众的尊敬并青史留名。高濑川是角仓主持开凿的人工运河之一。1月时，未及仔细游览高濑川，这次沿途赏樱，我们走到了北边的源头处，也就是位于木屋町二条的码头"一之船入"的地方。船入，就是码头的意思，听上去似乎要比"码头"更具画面感，更加传神。作为高濑川的第一座"船入",这里现在是日本的国家历史遗迹。桥头的河东立有石碑,旁边并列的木牌上有中、英、韩、日4种文字的说明。

  高濑川一之船入:这块石碑后方的水湾叫作一之船入。船入(码头)是货物装卸或船只掉头的地方,从二条到四条之间本设有9处,但除被列为国家历史遗迹的此一处之外,其他几处已全部被填埋。高濑川是江户初期的富商角仓了以和角仓素庵父子于1614年左右为了兴盛水运而开凿的运河,以此处为起点,纳鸭川之水,与鸭川并行向南流经伏见。由于河水很浅,河中航行的是一种叫作高濑舟的平底船,高濑川也因此得名。鼎盛时代,成百艘船只穿梭往来,运输大阪等地的物资,在京都的经济发展中起到了举足轻重的作用。虽然1920年废除了船运,但清澈的河水、烂漫的樱花和婀娜的柳树构成了一道充满情趣的风景线,令市民和游客流连忘返。

高濑川和鸭川分流的原始点应该就在二条通街道地下,这一段暗河在地下自东向西穿过木屋町通,自一之船入这里奔涌而出,清澈见底的川水在夕阳下波光粼粼、流辉熠熠。高濑川涌出地下的源头之处,西侧立有一块石碑,上刻"高濑川开凿者角仓氏邸址",原来角仓了以的别墅旧址就在此

05 高濑川上的樱花

处。船入停泊着一艘实物大小的高濑舟模型，舟中垒着"伏见的清酒"等各式货物，令人想见高濑川鼎盛时代水上舟船游弋的繁荣景象。

如今樱花烂漫的木屋町通，曾经却是刀光剑影的夺命之地。在赏樱途中，我们不经意间发现两块石碑，一块是"象山先生遭难之地"，另一块是"大村益次郎遭难之碑"。象山先生即佐久间象山（1811—1864年），是江户时代末期的思想家和兵法家，也是倒幕运动的主力、年轻武士的师长与楷模，他的"洋学接受论"对日本社会影响深远。他曾经说："哥伦布依靠究理之力发现新大陆，哥白尼发明地动说，牛顿归纳重力引力之实理，三大发明以来万般学术皆得其根底，毫无荒诞之意，全部真实。由是，欧罗巴洲及亚美利加洲次第面目一新，创制蒸汽船、磁电报等，实夺造化之工，其状可怖可愕。"可想而知，其时日本闭关锁国，象山对于世界敏锐的观察和认识多么难能可贵。大村益次郎（1825—1869年）是日本近代史上著名的军事家，曾在长州藩的军事改革和倒幕大业中颇有建树，并在创建日本近代军制过程中发挥过重要作用，死后被封为"战神"。象山和大村二人都在明治维新前后被暗杀于木屋町通一带。

在木屋町通上沿着高濑川向南散步，一路樱花如雪，堆积在天空中，洒落在水面上。川水清浅，川底的石板清晰可见。落花漂在水面上，划过石板，不疾不徐，一路向南。在《菊与刀》里，作者鲁思·本尼迪克特把日本人的性格形容

05 高瀬川上的樱花

—
高瀬川，一之船入。
高瀬川的开凿者角仓了以被誉为"日本的大禹"，先后开凿疏通了大堰河、富士川、贺茂川和天龙川等人工运河

成菊花和日本刀的结合，刀代表日本人锐利和冷酷的一面，菊花代表日本人脆弱的一面。有朋友说，遇到过这样的日本人，刚刚还铿锵有力，须臾却骤然崩溃。黄仁宇写他在抗战胜利之后代表国民政府去接受日本军队的投降，看到从高官到士兵，所有日本军人都表现得毕恭毕敬，完全无法想象他们过去对中国人趾高气扬的样子。军国主义一去不复返，日本的性格不再是菊与刀的矛盾结合，而是樱花付流水，恬静中带着对生命稍纵即逝的惆怅。在高濑川数不清的被樱花笼罩的小桥上，看樱花无声飘落到水面上，义无反顾地随波而下，再次感受到日本人的美学追求。

高濑川西岸有很多餐馆和咖啡馆临川而设，其中一些露台延伸至川边，客人们临水而坐，赏樱、观水、品尝美味。伸展着的樱花，度假的人，店里的灯火，隐约的酒肆之声，在黄昏里交织成一幅浮世绘。忘了是什么人说过的：京都本身就是一幅最绚丽的浮世绘。

天色渐晚，高濑川川底的射灯亮了，水面熠熠发光，白色的樱花被灯光染成金黄色。和白天相比，是另一番意境。四条小桥上有街头歌手在演唱，电吉他打破了浮世绘的静谧，增添了一抹现代气息。

和冬天相比，4月的京都热闹了许多。在1月住过的松原桥附近，我们从东向西几步跨过高濑川，沿着船之町去河原町商业区。这一带的河原町是京都最繁华的商业区，其中最著名的商业街当属锦市场、新京极和寺町通。锦市场又是最为游客所青睐的必访之地，这条不足两米宽的小街两旁密密扎扎排列着贩卖各色特产、鱼鲜、蔬菜和旅游纪念品的小店，樱花季节更是游人如织。锦市场最具人气的当属各种京都风味小吃店，门前常常排着队，人们举着或端着炸物、煮物、年糕、冰激凌，甚至大馒头，大快朵颐。

与东西向的锦市场交叉的新京极和寺町通这两条街道并列相邻。《京都，流动的历史》里写道："京都的文明开化始于新京极和圆山公园。新京极有许多戏剧小屋和杂耍小屋，圆山公园有许多外国人喜欢去的酒店和西式餐馆。"新京极之所以成为戏剧小屋和杂耍小屋的云集之地，竟然与寺庙以及寺庙里的僧侣有关。落语，是一种历史悠久的日本传统语言艺术，形式上与中国的单口相声异曲同工。表演者借助扇子、手巾等道具，用幽默诙谐的语言讲述笑话和故事。寺庙中的和尚因为讲道的需要，很多都深谙此道。在镰仓时代，能说会道的和尚常常跟随君主武士游走四方。其中有一位叫安乐庵策传（1554—1642年），是安土桃山时代和江户时代的僧侣、茶人兼作家。安乐庵策传非常擅长说笑话，后来编写了一本名为《醒睡笑》的笑话集，记载各种笑话和段子，得以史上留名。正是这位安乐庵策传，曾经在位于新京极的寺庙表演单口相声，为寺庙招徕人气、吸引人流，他所在的誓愿寺因此香火旺盛。

明治五年（1872年），京都首次举办世界博览会，标志着京都从皇城向商业城市的转变。时任京都府知事的植村正直响应民间呼声，于1872年在新京极这一带组织振兴商业，开设商业设施和娱乐场所，杂耍小屋、戏剧院、茶点屋、料理屋、寿司屋、药屋、本屋（书店）、洗剂屋、花簪屋等一应俱全。当然还有歌舞伎剧院。因为民间和市政府的同心协力，天皇迁都东京后，京都并没有步奈良的后尘走向衰落，而是成功地转型为商业和传统手工业并重的城市。现在的新京极一带，当年的戏院让位于游戏厅，饭店不如药妆店热闹，很多旧时的寺院也已不复存在，只有连接新京极和锦市场的锦天满宫香火旺盛。留存至今的歌舞伎剧院倒是还有两个依然盛况如前：一个是位于四条大桥东边路南的南座，另一个是位于先斗町北段的先斗町歌舞练场。

从新京极向东，穿过任意一条东西向的小巷，西侧就是寺町通。顾名思义，寺町通曾经是寺院云集的所在。丰臣秀吉得天下后，为使京都成为与国家政权中心相称的城市，具备进行天皇公家礼仪的公共仪式的皇城功能，大兴土木，重建京都。[1]他不仅修建与大阪城相媲美的城堡聚乐第，建造保护京都免遭鸭川洪水侵袭的御土墙，还将众多散布在京都各处的寺院集中搬迁到现在的寺町通。织田信长遭遇叛将谋反最终葬身的本能寺，也不能例外地被迁移至此。自此以后，寺町通的寺院举办各种宗教仪式，其中的表演活动渐

---

1 高桥昌明.千年古都：京都[M].高晓航，译.上海：上海交通大学出版社，2016：185.

渐地演化出一些常设在新京极一带的表演场所。可以说，寺町通是河原町这一带商业发端和发展、兴盛和繁荣的肇始之因。现在的寺町通，已是和新京极一样热闹的商业街，自四条开始向北这一段，顶上盖起了半透明的天篷，逛店、购物、做生意都风雨无虞。而当年丰臣秀吉强势集中于此的众多寺庙或衰败关张，或退居到旁街偏巷中去了。天色已晚，寺町通的很多商铺行将关门闭店。店主或者店员忙着收拾屋前窗侧的摊位和货物，结束一天的生意。

和新京极的商铺比较起来，寺町通沉淀了更多的文化气息和市井生活的烟火味，开着不少古书店、文具店、画廊、手工艺品店、古董店和瓷器店。古书店是日本的文化符号之一，以东京、京都和大阪最为集中。尤其是东京的神保町，因为与日本大学和明治大学比邻而居，古书店云集于此，鳞次栉比，成为东京文化旅游景点之一。相比起来，京都的古书店并不似东京那么集中。吉野山下京都大学周边，今出川通同志社大学周边各自聚集了一些，而寺町通也是古书店云集之处，一路走过，遇有主营美术书、浮世绘、版画的大书堂，早年间中国文人学者及欧美汉学家到京都必访的汇文堂，以及创建于江户初期已有 280 多年历史的竹苞楼。《诗经》中的《小雅·鸿雁之什·斯干》云："秩秩斯干，幽幽南山。如竹苞矣，如松茂矣。"此为成语"竹苞松茂"的来历，也是竹苞楼取名之源。可想而知，竹苞楼自创建伊始，就与中国的人、事、书息息相关。临川书店整理出版的《竹苞楼来翰集》记载，清末年间中国文人到京都总会到访竹苞楼，日本的汉学家、京都大学研究中国历史和中国哲学的学者，也与竹苞楼的各代店主交往甚密。因为书，文人学者、店主和书楼牵连起来，经年累月，佳话频传。走入一家京都的古书店并沉浸其中，可以体味中国传统文化对日本文化的无所不在的沁润。

说到中国对日本的影响，以及日本的古书店何以拥有如此之多的中国古籍和文献，皆与日本遣唐使密切相关。日本自630年开始派出遣唐使，此后的260多年间，日本天皇共派遣了19批遣唐使，每次派出的遣唐使团多达百人。遣唐使在向中国学习文化、宗教、法制和教育之余，还购买大量"唐物"带回日本，其中就有大量中国古籍。漂洋过海，星移斗转，逾千年之久，得益于多少人的倾心留存和精心保护，来自中国的汉文古籍珍本在日本的机构和民间被完好地保存下来。早些年间，国内的图书馆曾经有计划有组织地来日本寻访古籍，想来竹苞楼、汇文堂都是必访之地。

唐物汉籍的流失与回归

唐物，最早是日本遣唐使带回的器物的统称，后来也泛指各种来自中国的舶来品，来源不再拘泥于遣唐使所携，年代也不再拘泥于唐。自隋唐至明清，琳琅满目的中国器物，佛教经卷、汉文典籍、书画作品、瓷器漆器、丝绸制品等，有经由官方和民间的正常交流，有经由侵略战争的强取豪夺，源源不断地跨海而往，随着岁月积淀，伴着时代流离，最终散落在日本的博物馆的橱窗中、图书馆的书库里，以及文化机构、财团和私人的收藏之中。

汉文古籍是唐物中重要的一种。630—894 年，日本天皇派出的 19 批遣唐使每次都自中国带回大量通过受赠或者购买而获得的佛经和典籍。一批批汉籍抵日后，朝野上下如获至宝，潜心习得汉文，苦练汉字书法，竞相吟赋唐诗、临摹山水，甚至以汉字偏旁创造出日本的片假名。如果说遣唐使携回的汉籍是中日两国之间文化传播、友好交流的证物，那么到了民国时期，中国古籍东流日本则与当时的国情有关。身处国家动荡、民生凋敝的时代，为数不菲的私人藏书家出于各种原因迫不得已将祖辈孜孜以求、代代相传的藏书忍痛割爱，整体售卖。很多汉籍流落海外，其中许多珍宝藏书东流日本。藏书家陆心源"皕宋楼"的古籍收藏于 1907 年售予日本静嘉堂文库；藏书家董康"诵芬室"的古籍收藏于

1917年售予日本大仓文化财团。不难理解，日本是在中国之外收藏中国古代珍贵典籍最多的国家。得益于日本人对古籍保护的认真、对细节的精益求精，东流日本的汉籍得到非常好的收藏和保护。

明治维新时期西风渐劲，日本开始全方位学习西方，西洋典籍成为公私藏家新宠。曾经对日本文化影响甚巨的汉籍华不再扬，甚至被弃之如敝屣；曾经的秘籍琳琅命运多舛，或被束之高阁，或化为零珠碎玉四处流散。世事变迁令人感慨，也为中国汉籍的回归带来良机。自晚清民国至今，有志于汉籍回归的各方人士千方百计、不遗余力地通过各种渠道促成东流汉籍回归。改革开放后随着中国国力增强，海外汉籍的回购与回归成为中国的图书馆等文化机构的重要责任。

近百年之后，董康的诵芬室藏书经过大仓文化财团不断的拾遗补阙已成为极具历史、文献和文化价值的"大仓藏书"。为筹措资金收购散落民间的日本文物，大仓财团于2005年决定出售"大仓藏书"并提出条件：仅面向中国的国有文化收藏机构出售，整体出售并作为整体馆藏永久收藏。消息发布之后的数年间，众多收藏机构趋之若鹜，但大仓财团始终坚持"苛刻"的出售条件，即使有收藏机构愿给出相当高的收购价格，依然不改初心。

2012年，北京大学回应多位专家学者的联名建议，决定对"大仓藏书"整体收购。北京大学致力于中国文化珍藏回归的举措，不仅得到社会各界的高度关注，也得到国家层面的鼎力支持。在各方的努力和支持下，北京大学最终斥资18亿日元（约合人民币1.2亿元）回购大仓藏书。2013年12月12日，漂泊海外近百年之后，大仓藏书完成了回归故国之旅，以"大仓文库"之名落藏于北京大学图书馆古籍善本库。这是新中国成立以来中国国有收藏机构首次大批量回购留存海外的汉籍。回购过程中，北京大学和北京大学图书馆对珍贵汉籍回归孜孜以求的不懈努力，大仓财团不为重金所动、对寻觅最佳的大仓藏书永久之所的心念的坚守，成就了一段广为流传的佳话。

在日本非常有名的香铺鸠居堂也开在寺町通。鸠居堂创业于宽文三年（1663年），至今已有300多年历史，主营薰香、纸制品、文房四宝及其他文具。无独有偶，鸠居堂的屋号也如竹苞楼一样源自《诗经》，取自《诗经·召南·鹊巢》："维鹊有巢，维鸠居之。"不过，竹苞楼令人想起寓意美好的成语"竹苞松茂"，而鸠居堂则不禁让人联想到似有贬义的成语"鸠占鹊巢"。其实，鸠居堂的屋号寓意颇深。"鹊"的一个隐喻是创下家业的祖先，后代受到祖先庇护，承蒙祖先恩泽；"鹊"的另一个隐喻则是光顾店铺的客人，店铺不仅仅为店家所有，也为照顾店铺生意的客人所有。起名鸠居堂是希望后代谨记家训，常怀"鸠占鹊巢"的感恩之心和谦卑之心，勤勉打理，恭敬待客。如此，方得生意兴隆，长盛不衰。

明治十年（1877年），鸠居堂获赐御用合香秘方并沿用至今。合香秘方传承于平安王朝的薰香处方，取自各种天然香木和植物：伽罗、沉香、檀香、丁香、茴香、桂皮、天松、吉草等。鸠居堂近年来还与有名的香水品牌合作，引入欧洲的花香和森林的味道，开发在传统香方中融入时代气息的新香种。虽说香是鸠居堂的主业，但它还经营文房四宝和和纸工艺品。早在明治七年（1874年），鸠居堂就曾派人到中国研究学习制笔之技。和纸工艺品则以各种不同用途的明信片最为惊艳。能够用最好的笔在美丽的纸上亲手书写对亲朋好友的情感，度过片刻静好的时光，实在是美事一桩。可惜此时鸠居堂已闭门谢客。大狗在木质门扉前端详抚摸，感叹普普通通的杉木也能做得如此精致好看。一路走来，经过专门卖京扇子的白竹堂，还有售卖京都特产和当季菜蔬的老铺子，头顶上的店铺招牌上有"松茸"二字，而在春天里，引人注目的当属在货架上一竹笼一竹笼仔细摆放着的春笋，按照大小分量，整笼售卖，一笼的价格低则 5 000 日元，高则 100 000 元，折合人民币三五百元一笼的样子，这实在是蔬菜里的珍物了。主营日式火锅寿喜烧的三嶋亭的总店也开在寺町通，两层楼的店面很大，一层是外卖，二层是堂吃。这里的寿喜烧因为主材采用名贵的和牛而著名。

三嶋亭北侧不远是寺町通与三条通交叉路口，一旁树立着介绍寺町通的历史和起源的木牌："这里标记着寺町通和由旧时的东海道延伸而来的三条通的交汇点。历史上自桃山时代（16 世纪后期到 17 世纪初期）以来，周边区域一直是繁华地带。三条通目前所在的位置与平安京（8 世纪后期到 12 世纪后期）的三条大路的位置大致相当。当时的三条通是通往日本东部地区和西部地区的重要道路。寺町通大致对应平安时代贯通平安京南北的东京极大路。到了中世纪时期，战乱带来了衰退，东京极大路繁华不再。天正十八年（1590 年），丰臣秀吉启动京都大改造，开始修复并更新道路。无数分散在京都各处的寺院被强制性地搬迁到这条街道的东侧，故此这条街道被命名为'寺町通'，字面意思就是'庙街'。街道西侧逐渐云集了一长列制作售卖各种物品的商店，比如数珠屋（佛教念珠店）、位牌屋（佛教纪念碑店）、石塔屋（墓碑店）、书店、笔屋、乐器屋、人形屋、纸表具屋、扇屋、白粉屋（化妆品店）等。这些专事宗教、文具和装饰类商品的商店吸引了众多的客人。"

沿着寺町通从南向北一路行至御池通，这里还保留着丰臣秀吉主导京都大改造时规划设计的布局。路西是古书店竹苞楼，竹苞楼对面，路的东侧坐落着一座并不起眼的寺庙。这是日本历史上一座非常著名的寺庙：法华宗总寺院本能寺。寺门前方立有石碑，上刻"赠正二位织田信长公御庙所"。本能寺中建有信长公庙，据说还藏有织田信长所用之刀。但这并非发生"本能寺之变"的本能寺，原本能寺的地址在中京区蛸药师小路和小川通交界处，早已被夷为平地，据说现在只空立石碑一块。

本能寺门前的木牌上介绍道："本能寺，作为法华宗本门流的大本山，于1415年由日隆上人创建。本寺因1582年织田信长受到明智光秀的袭击（本能寺之变），在寺内拔刀自尽而声名远扬。当时，由30余所寺舍构成的大寺院在大火中化为灰烬。之后根据丰臣秀吉的都市规划，于1589年迁移至现址进行了重新修建，然而在江户时代后期遭遇天明、元治大火，殿堂尽数烧毁，现在的正殿是1928年重修修建的。京都市。"

我们走出寺町通，沿着御池通向东，隔街的西洋建筑是京都市役所，也就是京都市政府所在地。很快再向南转道河原町通，回到酒店。下午入住酒店时，大狗没有闻到樱花的幽香，却嗅到了烤肉的浓香，从那时就开始心心念念。因此，此行的第一顿晚餐是在酒店对面的一家无名小店吃烤肉。店面很小，只有一个小伙子执掌，点菜、上菜、收拾，招待我们和另外两桌客人。

"敌在本能寺"

"敌在本能寺"是明智光秀率部谋反织田信长，发动"本能寺之变"时对部下喊出的话。天正十年（1582年），织田基本控制了京都周边的京畿地区，统一日本指日可待。旧历五月二十九日，他带领百余名侍卫和嫡长子信忠离开位于京都东北的大本营安土城，前往京都驻扎，意在支持在日本"中国地方"（位于本州岛西部）与毛利部作战的丰臣秀吉（此时还是羽柴秀吉）。信长进驻本能寺，信忠进驻不远处的妙觉寺。六月一日，信长在本能寺举办茶会，而明智光秀当天下午率1.3万余名士兵从丹波龟山城出发，号称"接受信长公的检阅"，向京都奔来。次日凌晨，部队横渡京都城外的桂川，光秀向全军高喊"敌在本能寺"，亮出谋反的大旗。早晨，光秀的大军包围了本能寺。信长听到外边的嘈杂声，以为是士兵喝醉吵闹的声音，正要出门训斥，家臣来报，是明智光秀谋反。信长出门望见光秀的旗子，叹道："既然是光秀……也就没有办法了。"随即持弓箭迎战，却反被射伤，只得退回寺内。随后本能寺被破，发生大火，因为地下藏有火药，火势更猛。信长如何死于寺中，不得而知。根据信长家臣太田牛一著述的《信长公记》记载，信长退入室内后，唤侍卫取鼓，唱道："人生五十年,与天地长久相较,如梦又似幻;一度得生者,岂有不灭者乎?人间五十年,与天地相比,不过渺小一物,看世事,梦幻似水,任人生一度,入灭随即当前,此即为菩提之种,懊恼之情,满怀于心胸;放眼天下,海天之内,岂有长生不灭者!"这段记载的可信度很低,后人姑且听之。信忠本可以逃走,但以为光秀封锁了所有出城道路(实际上没有),带领队伍退入二条城抵抗,最终为光秀所害。

关于明智光秀谋反的原因,有七八种说法,其中最可信的,可能是无法忍受信长一再对自己轻慢。此前信长就无故收回了光秀的领地,换成还在敌人控制下的新领地;在谋反的前几天,信长本来安排光秀接待德川家康,临时又变卦了(传说信长认为光秀接待不周,打了光秀耳光)。光秀是信长势力的二号人物,频遭主公轻慢,甚至羞辱,产生谋反之心也是可能的。另一种可能的解释是,信长有废掉天皇的野心,而光秀不赞同。事变之后,天皇立即封他为京都守护,似乎也印证了这个解释。

谋反者光秀的下场很惨。他的谋反不仅无一人响应,反而招来秀吉的讨逆大军。在返回京都接受朝廷任命的路上,光秀闻知秀吉已经攻来,仓皇应战,不几日战败,在逃跑的路上被专门攻击落难武士的农民杀害。

05 高瀬川上的樱花

寺町通，大本山本能寺

寺町通，大书堂

06 维新之道

历史总是容易被人遗忘；在日本，历史被遗忘得似乎更快。灵山上的坂本龙马如果有在天之灵，他会对今天的日本说什么呢？

圆山公园，
坂本龙马和中冈慎太郎的铜像

三条大桥

出云阿国

圆山公园

4月4日上午。
日本女性是世界上最贤惠的女性，也是最能吃苦的一群人。她们对日本现代化的贡献不应该被世人忘记。

    这次入住的里索尔酒店，是典型的日本酒店，房间迷你，衣物取出后，行李箱必须合上依墙而立，否则就没有下脚之处了。但位置好是王道，不仅离高濑川只有几步之遥，而且咖啡店、面包店遍布周边。因此我们没有订酒店的早餐，计划好了每天早起去三条大桥西北角的星巴克，临川而食。早晨一早到达星巴克，人还很少，容易找到靠窗的景观座位。星巴克也入乡随俗，推出季节限尝点心，有橘味牛角包，还有染成樱花粉的蛋糕，可惜牛角包做得不够地道，口感松松散散，味道平淡无奇。好在窗外就是鸭川，有无尽的秀色可餐。川水很浅，很清澈，大块的石块垒就的河岸裸露在晨光中。东岸樱花锦簇，西岸的次堤上陆陆续续出现行人，或散步，或慢跑，或遛狗，或骑行，宁静祥和。餐后出来时，三条大桥上的行人才渐渐多了起来。

三条大桥最初建造的年代已经湮没在历史的尘嚣之中，丰臣秀吉于1589年下令将其改建为石柱桥后，三条大桥开始在江户时代发挥非常重要的作用。政治上，它被定位为幕府直接控制下承担公仪职能的公共桥梁，比如曾经是犯人首级示众之处；交通上，它是连接当时日本的五条交通大路之一的东海道上的重要驿站。三条大桥后来又经历过多次重建和修缮，于1950年改建为混凝土大桥。但栏杆的石柱上还保留着14个当年的拟宝珠柱头，仔细辨析，上面刻着的字迹隐约可见："洛阳三条，之桥至后，代化度住，还人磐石，之础入地，五寻切石，之柱六十，三本盖于，日城石柱，桥滥触乎。天正十八年庚寅 正月日 丰臣初之 御代奉 增田右卫门尉 长盛造之。"三条大桥是丰臣秀吉京都大改造的重点项目之一，武将增田长盛最终并不以战功彪炳，却因具体负责修建三条大桥而青史留名。桥头还竖立着介绍三条大桥历史的木牌，落款是三条小桥商业街振兴组合。木牌上附着一纸传单，仅有日文，内容大约是号召为修缮三条大桥捐款。

沿着三条大桥自西向东跨过鸭川，桥东北侧有阶梯，沿着阶梯而下来到鸭川的临川步道。川水涓涓，凉风习习，即使只有几步之遥，路面上人声的喧闹、车流的嘈杂也顿然远去。鸭川西侧沿岸依次排开的是酒店、饭馆，而鸭川东侧沿岸绵延开来的是盛放的樱花。鸭川岸边的樱树多是吉野樱，一种大岛樱和江户彼岸樱的杂交品种，也是日本最主要的樱花栽培品种。花先于叶开放，满树淡红透白的五瓣花朵，缀满了整条整条的枝丫。盛放的吉野樱中，间或也种着几棵更高大的枝垂樱。顾名思义，枝垂樱以垂下的枝条有别于其他品种的樱花，含苞待放的花蕾是娇嫩的粉红色，花朵在盛开中渐渐泛白。4月初本应该进入花期后半程了，但今年天凉，枝垂樱还没有盛开，披满了粉色花蕾的垂枝在微风中随风舞动，婀娜多姿。一树繁花，本该引起人们对生命的向往，但在日本，繁花盛放的4月又叫"花残月"。如此看来，对日本人来说，繁花盛开带来的喜悦，还是不如残花凋零的伤感更动心。生命的脆弱，是日本人审美永恒的主题。

我们从四条大桥拾级而上，迎面就遇见阿国歌舞伎发祥地纪念碑。这是出云阿国的塑像，她右手持扇，左手举剑，婀娜多姿地伫立在四条大桥的东北角。出云阿国塑像的斜对面就是南座，京都最著名的歌舞伎剧院。关于出云阿国的身世，因为史料稀少，扑朔迷离。她是不是日本歌舞伎的始创者，以及她对日本歌舞伎发展的贡献，众说纷纭。但无论如何，出云阿国创造了一种舞蹈：倾舞。再严谨的溯本求源恐怕也不能分离歌舞伎和出云阿国的关系。

《望乡》和日本女性

"女主内，男主外"是日本传统社会流行的家庭安排。日本女性大概是世界上最任劳任怨、最吃苦耐劳的女性，所以，在日本电影里我们经常看到，一个家庭的主心骨是女性而不是男性。明治时代，日本妇女为日本的工业原始积累付出了巨大的代价。

江户时代，德川幕府强迫几百名大名每年进京参勤，加上他们的随从武士，极大地推高了江户的壮年男性比例。这些人不能带自己的妻妾，娼妓业由此而生。德川家康仿照丰臣秀吉的做法，建立幕府保护下的公娼游廓，供藩人挥霍，以达到消耗他们的财力和意志的目的。到游廓工作成为乡村平民女子寻找活路或替家里还债的一个渠道，到幕府后期，娼妓业和娼妓文化达到一个顶峰。出云阿国的舞蹈被娼妓模仿，成为一种艳舞，用以招徕客人。

明治时代，民间游女屋兴起。尽管明治政府发出取缔私娼令，但娼妓业仍然很繁荣。例如，1877年，东京的游女屋达到370家，引手茶屋232家，娼妓总数2 756人。1884年，据内务省统计，日本全国有公娼37 083人。[1]

---

1 宗泽亚.明治维新的国度[M].北京：北京联合出版公司，2014：500.

日本为外国人输出娼妓服务,始于幕府初期的长崎。由于锁国政策,只有长崎留有荷兰居住地。幕府专门为长崎的荷兰人和中国人设立游廊。明治早期,日本开始系统地向海外输出娼妓,目的地主要是中国的上海、东北地区、香港地区和南洋,欧美地区也有少量输出,到20世纪初期达到高峰。

1978年,日本电影《望乡》在中国引起轰动。电影从女作家三谷圭子在熊本县天草偶遇阿崎婆开始,揭开了阿崎做南洋姐的悲惨遭遇。阿崎从14岁开始在婆罗洲山打根8号妓院做妓女,后来尽管回到日本,却被哥嫂嫌弃,只好移民中国,在东北地区结婚生子。日本战败之后,在遣返回国的途中,丈夫病死,阿崎一人带儿子定居京都。然而,长大成人的儿子嫌弃阿崎名声不好,阿崎只好回到天草,住在茅屋里。影片结尾处,圭子来到山打根,看到了南洋姐的墓地,杂草之间矗立的一块块墓碑,都是背对日本本土的,默默地诉说南洋女们的幽怨。

明治时期是日本工业化的原始积累阶段。日本自己的技术力量薄弱,需要大量外汇引进西方的先进技术。像阿崎这样的南洋女为日本赚取了大量外汇,数额一度仅次于生丝，极大地支持了日本的工业化进程。

留在日本国内的底层妇女，处境也没有好到哪里去。无数底层妇女涌入纱厂、矿井工作，赚取微薄的工资。女性下矿井，大概只在日本发生过。女工和男工一样，赤裸上身在闷热的矿井里采煤、拉煤车，有些人还不得不把孩子带上。直到1936年，日本政府才明令禁止妇女下井劳动。[1]

如今的日本，是一个祥和、文明的高收入国度，到处井然有序、一尘不染。谁能想到，就在100年前，日本曾经有过这样一段悲惨和耻辱的历史？每个国家的工业原始积累，都是以几代人特别是穷人的牺牲为代价的。但是，像明治时代及随后的大正时代的日本那样，明确以女性的身体为代价的，应该是绝无仅有。日本政府和日本社会欠那时的日本女性一个道歉。

---

[1] 宗泽亚.明治维新的国度[M].北京：北京联合出版公司，2014：492.

从四条大桥桥头沿着四条通转向东行，就是祇园商店街，路两旁搭建有遮风挡雨的天篷，点缀着红灯笼、绿柱子和统一格式的店牌。各家小店正在做新一天的开业准备。食品店的店员将招牌和促销的样品搬出门外，餐馆门前小货车司机正在与老板娘盘点卸下的鲜花，咖啡店的女孩用鬃毛刷用力地刷洗门前的人行道，京果子店已经备好了一屉一屉的各式新鲜糕点。细心一点，可以数出来很多京都老字号，比如永乐屋、栗阿弥。路南依次经过南座剧场和花见小路。从路口瞥去，清晨的花见小路除了三三两两的上班族匆匆走过，尚未有多少游人，当然也没有令人好奇的歌舞伎。路南还有一家汉字博物馆。

四条通的东端，过了东大路通，台阶之上高高屹立的，就是八坂神社的西楼门。关于八坂神社的西楼门，有不少神秘的传说，或者说"奇谈"，比如，门楼从不结蜘蛛网，也不留雨痕。伏见稻荷大社是日本香火最旺的神社，但要论参拜人数，八坂神社超过了伏见稻荷大社。八坂神社也叫祇园神社，是京都三大祭之一祇园祭的起点，又比邻京都的市民活动聚集地圆山公园，因此理所当然地成为京都最接地气也最热闹的神社。穿过西楼门，就闻到了庙会的味道，这里常年设有各种小商小贩的摊位，当然以小吃最吸引游客。大狗去年和朋友来过，但只是"立此存照"就匆忙离开。这次绕着神社仔细转了一圈，有了一些"发现"，比如悬挂在栏杆和屋檐下的祈福纸条和各色人等捐赠的神龛。在对待宗教这件事上，日本人和中国人差不多，信教不是为了赎罪，而是有求于各路神仙解决各种问题。

经过八坂神社的本堂，向东步入圆山公园，穿过一片盛开的粉白的吉野樱，在公园的中心位置，可以观赏圆山公园那株 200 年树龄的枝垂樱。圆山公园的枝垂樱是日本"史迹名胜天然纪念物"。所谓"天然纪念物"，大概是"自然遗产"的意思。圆山公园也因此成为京都人气最高的赏樱名处之一。适逢樱花季节，商家在樱花树下摆出座席，铺上红毯，支起茶几，招徕客人。赏樱席位往往供不应求，尤其是晚上观赏夜樱的时段。很多公司和机构会派出年轻人白天就早早地来占座，以便晚上下班后大家来此聚会，一边喝啤酒，一边赏夜樱。圆山公园的枝垂樱花期比鸭川边的要早些，已经开始开放。枝垂樱状如柳树，开满粉色樱花的枝条摇曳而下，随风起舞，形成一片舞动的花海，如彩云坠地，让人流连忘返。

圆山公园始建于明治四年（1871 年）。那一年，日本公布了"土地上缴令"。据此，周边的神社寺庙，如八坂神社、安养寺、长乐寺和双林寺将其属地内圆山一带的土地归属权上交政府，修建向公众开放的市民公园。类似的市民公园还有东京的浅草和上野。明治五年（1872 年）京都博览会期间，前来参加博览会的外国人集聚在圆山一带，因此这一带酒吧、酒店和咖啡店众多，外国人频繁出入。圆山公园于 1886 年正式开放。当时的寺庙经营对外营业的饭馆，安养寺的塔头之一左阿弥，就是经历了寺院土地上缴之后唯一一间留存至今的饭店，这家百年老店经营怀石料理，在大众点评上不仅可以查到，而且可以有偿预订，订位费136元人民币一位。

八坂神社和圆山公园这一带，宗教、世俗生活和自然美景交织，悠然、肃穆、热烈、欢快的几重氛围叠加在一起。在国内看风景，我们并不愿意去寺庙，因为那些寺庙多数空无一人，只剩张牙舞爪的天王、金刚以及各式深不可测的罗汉菩萨，即使是香火旺盛的寺庙，作用也很单一，了无市井生活气息。日本人的寺庙多位于市井之中，与市井生活混为一体。现如今，日本的许多佛教或神道教寺庙是家族经营的，和尚可以成家。这似乎违背了佛祖的训诫，但在当代社会，这样反倒更容易让宗教传播给普通人。

在距离百年枝垂樱不远的一个僻静的角落，矗立着坂本龙马和中冈慎太郎的铜像，他们二位是土佐藩的同乡，在倒幕运动中，一位是海援队的队长，一位是陆援队队长，而且一起被刺杀。绝大多数游人，无论是日本人还是外国人，都把注意力放在樱花上面了，没有人留意到两位孤胆英雄。

在两位倒幕志士的铜像后方，沿着长满了青苔的石板台阶拾级而上，途经一株年代久远的樱花树，树干长满青苔，树顶繁华如盖。我们经由这条僻静小道去左阿弥。在江户时代，日本寺庙已经充满烟火气，许多寺庙同时也是集市。在一片花香鸟语中，可以想见当年这一带寺庙聚集、酒肆林立、香火鼎盛、人声鼎沸的景象。走到左阿弥入口，正好驶来一辆出租车，姗姗而下两位颤颤巍巍的老太太，身着和服，头盘玉簪，妆容精致，一丝不苟。饭店经理在门口搀扶迎候。得知我们需要预约座位，饭店经理鞠躬示意引入饭店大堂。从入口到大堂，途经一条坡道，转弯抹角而行，进入庭院深处，几步之遥，与世隔绝。大堂是和式建筑、西式装饰，白色地毯，乳白色绒面印花沙发，黄色水晶珠帘玻璃台灯。落地窗外，则是典型的日本庭院，茂密的树木和苍翠欲滴的苔藓之间点缀着石灯笼、逐鹿器以及料理店的标识———把红伞。招待我们的女士端上日本煎茶，然后慢声细语询问就餐的日期、时间以及所选怀石料理的规格，记下来，最后留下电话，嘱咐我们如果不能赴约请提前致电说明。

06 维新之道

孔子之树
坂本龙马墓
梦咖啡里的银发老太
先斗町的美食

4月4日中午至晚上。
穿梭于维新烈士墓地、宁宁小道以及京都的市井之间，
会情不自禁地产生一种历史的恍惚感。
历史在这里浓缩，也在这里融化。

从圆山公园途经高台寺，可以前往清水寺。这一路经过的宁宁小道、一年坂、二年坂和三年坂，都是京都人气极高的旅游景点。攀缘而上的石阶两旁，依次排开一间间的商铺、酒肆、饭店、民宿，各具特色，精致袖珍。京扇子、京果子、清水烧、风吕敷、织物、京酱菜等，京都好物荟萃，一应俱全。其中京果子名店圣护院八桥的店面就不止一家两家，它家的冰激凌大受欢迎，抹茶口味和芝麻口味的都很好吃。赏樱季节，游人比1月更多，其中不乏身着和服的青年男女，听口音以中国游客居多。和服是山下专事和服出租的商店租来的，年轻男女穿着感受一下日本文化，浪漫一回，对增进彼此之间的情谊，也说不定会大有好处啊！

1月来时，清水寺的悬空舞台正在修缮中，4月，仍然在修缮中。山上微凉，和山下相比，樱花还未盛放，只有星星点点的白色花蕾初绽枝头。这次我们没有再去喝祈福的泉水，而是下到三年坂，去明保野亭用午餐。2018年2月狗妈与朋友京都行，偶然走入这家三年坂路边的饭店就餐，要说有什么和其他二年坂、三年坂的饭店的不同之处，就是这栋两层的町屋围着一个小天井，天井中撑着一把红伞，伞下摆着几张铺着红毯的凳子，吸引人驻足休息。那次用餐的收获是发现这间饭店与坂本龙马有关。饭店的菜单上还专门有一道"龙马御膳"的套餐。其实，明保野亭更为著名的是明保野亭事件，因为接到误报，年仅19岁的会津藩志士柴司在此误伤同盟军土佐藩志士麻田，最后为了维系两藩间脆弱的联盟，两位志士双双切腹自尽。

此次再来，夺人眼目的是门前天井里那棵巨大的樱花树。这棵樱花树高达数丈，枝繁叶茂，伸向天空，树冠遮蔽了狭窄的三年坂，满树盛放的樱花垂下来，在风中缓缓摇曳，又倒映在饭店二层的窗玻璃上，可谓举头樱粉漫天，对镜花树成双。樱花盛开的惊世繁华和樱花凋零的决然壮烈，花开匆匆，花落无声，恰如武士对待生死，轰轰烈烈活一回，哪怕短暂，去时从容不迫，毅然决然。

与天井里的樱花以及烈士遗迹相比，明保野亭的膳食乏善可陈。用餐之后，我们沿着三年坂、二年坂、一年坂原路返回，一年坂北口竖立着坂本龙马的大幅卡通招贴画，卡通版的坂本龙马热情洋溢地指引路人转向东行。沿着维新之道上山，迎面可见维新之道石碑，道路尽头是灵山历史博物馆。山路上除了我们，空无一人。明治元年（1868年），新政府首次发出布告，在灵山建造了祭奠倒幕志士的纪念碑，许多倒幕烈士陆续或葬于此，或陵墓搬迁至此。百年之后的1968年成立了灵山表彰会，并对附近一带早已荒废的设施进行了修复。灵山历史博物馆是在1970年由灵山表彰会开设并进行管理的。

博物馆门前有英文介绍，部分内容简单翻译过来是："本馆是经国家注册的博物馆，针对近代日本重要转折期的明治维新时代的各种研究及历史资料进行收藏和展示。本馆的办馆使命在于将投身于现代国家建立的众多志士的遗志留传于后世。"博物馆门票不菲，每人900日元（约合人民币55元）。博物馆是一栋二层楼的和式建筑，规模不大，迎门的展柜上矗立着松下幸之助的塑像。松下是龙马迷，也是博物馆的赞助者。博物馆展览按照年代顺序依次记录、介绍明治维新前后的历史，包括重要的历史节点、历史事件和历史人物，对其流传民间的著名事件和人物做了精细逼真的模型还原，比如池田屋事件的场景模型、坂本龙马的塑像等。入口处的展柜中存放着杀死龙马的那把刀，虽已锈迹斑斑，依然寒光凛凛。展品中有很多维新志士的汉诗作品，汉字书法或娟秀，或豪放。居中的楼梯中央悬挂着巨幅汉诗——"忧国十年，东走西驰，成败在天，魂魄归地"，渲染出时代巨变中弄潮

06 维新之道

儿的潇洒气概。

展览的结尾处有一幅《志士坟墓全图》，用整整一面墙的篇幅详细勾画出150多位来自日本各藩、为了创立一个现代国家而英勇捐躯的维新志士的陵墓图。旁侧另有一幅印制于明治四十年（1907年）四月一日，发行于四月五日的《京都灵山殉难志士坟墓全图》，黑白版，京都养正社藏版。可惜，文字和语音都是日语的，我们只能借着部分汉字半猜半读，大体领会一下意思。

出了博物馆大门，发现左手边的一个角落里种植着一株"孔子之树"。旁边的木牌上有日文介绍孔子之树的由来，落款处是"志之会植树，伊兴田觉撰书"。大意是：万世敬仰的师表孔子于公元前479年逝世，卒年73岁。其弟子守墓三年渐次离去，唯子贡一人在孔子墓旁结庐守墓6年，并植下由其家乡带回的楷树。子贡手植楷树次第繁茂，历久弥新，成为尊师品德的象征。1915年，日本农商务省林业试验场的初代场长白泽保美访问曲阜，并于孔林的孔子墓旁采集楷树种子带回日本，在当时位于东京目黑区的林业试验场（如今为林试森林公园）一带播种育苗。在那里生出的树苗是最早在日本种植的楷树，称作"楷の木"，也称"孔子の木"（孔子之树）。自那时起，日本全国的孔庙和大学，开始普遍种植楷树。明治维新志士深受儒家思想影响，以孔子的《论语》为精神食粮和理论基础。灵山历史博物馆在庭前种植孔子之树，以致纪念。

参观博物馆后，我们去旁边的灵山烈士陵园寻访坂本龙马的墓地。穿过护国神社，通往墓地有一个无人值守的门禁，需要自行投币300日元（约合人民币18元）进入。恰巧没有足够的硬币，于是我们到旁边的窗口招呼里面的工作人员兑换硬币，进入陵园。山上阳光明媚，游人寥寥。坂本龙马和中冈慎太郎的墓地专门围成一处，墓前竖立一座石质鸟居，右侧是两位志士的石刻塑像，塑像基座是"忠魂碑"，上面雕刻着碑文。左侧是龙马的仆人藤吉的陵墓。龙马的陵墓规模不大，但在葬有150多位维新志士的陵园里，还是很特殊的。墓前留有吊念者敬赠的康乃馨、香烟以及几块撰写着日文的石头，表达对坂本龙马的敬仰之情。维新志士们按照藩属集中安葬，下山沿路可以看到指路牌指向各藩陵墓：鸟取藩招魂社、水户藩招魂社、福冈藩招魂社、岐阜县招魂场等。午后晴明中，微风暖阳下，寂静的山麓上盛放着粉色和白色的樱花。没有几位游人前来凭吊，和清水寺、圆山公园的喧闹仿佛隔世。历史被遗忘得如此之快，令人不禁唏嘘。

下山去宁宁小道旁的洛市。2018年狗妈和朋友来此，曾经在其间的梦咖啡小坐。今日再访，隔着玻璃门就看到电视机里还在播放着足球赛，梳着银发小辫的老妇人也还在吧台那里，一边忙碌一边和吧台前坐着的几位闺密相谈甚欢。我们点了咖啡和抹茶蛋糕，抹茶蛋糕附送一份冰淇凌，分量大到喧宾夺主。和2018年冬天相比，樱花季节的游客多了不少。老妇人独自一人守着这家咖啡店，不知已经度过了多少岁月，有客人时打点生意，闲暇时做做手工，前次曾经送给狗妈她的折纸作品，这次桌子上的玻璃罐里是灯笼状果实风干后雕出的手工艺术品，稻黄色的丝网晶莹剔透，网里藏着一颗橘色的果实干。日本的老龄化也许不利于经济增长，但银发社会也不是希望全无。银发人有更深的文化和人生积淀，他们做生意，不追求暴利，只求平和，生意成为他们日常的一部分，不也是一种生活吗？

2019年日本的年号改为"令和"，这是日本的一件大事。"令和"选自日本最早的和歌总集《万叶集》中的诗句："初春令月，气淑风和。""令和"也成为日本第一次引用日本典故而非中国传统典籍而立的年号。新年号在5月1日正式颁布使用，但在4月里的洛市的巷子深处，沿墙砌出的橱窗里已经非常应景地摆放了一幅字：《令和》。仿佛在提醒沉溺于思古之情的京都的游人，今夕何夕。

回到高濑川，只一天的光景，水边的樱花似乎开得更好了。大狗却突然就累了，趴在桥头堡的拟宝珠上一副可怜兮兮的样子。好吧，虽然天光尚早，还是回酒店休息。

晚上出门去先斗町觅食。先斗町公园有人在弹着吉他唱着歌，4月里天气温暖，露天卖唱也不会那么辛苦了。来此觅食的游客在不足两米宽的小巷里好奇地左顾右盼，或从容或纠结地盘点打量，挑选心仪的餐厅。看过的游记和攻略里，先斗町的标签是京都不可错过的"美食小路"和"深夜食堂"。小巷两边，有居酒屋、寿喜烧店、寿司店、鳗鱼屋等传统的日本料理，还有西餐店、咖啡馆和酒吧等西式餐饮，也开着不少别具风格的新派创意美食小店。几乎每家店门前都挂着印有自家屋号或者店名的红灯笼，还有一些店在门旁摆着一口质地结实的圆簸箕，里面盛满新鲜的当季食材，4月里菜蔬丰富起来，萝卜、茄子、西红柿、西葫芦、洋葱和青椒都能找到。园簸箕既是料理店的实体广告，又是实物菜谱，看到什么想吃的，推门而入就好。其实充满烟火气息的先斗町，以前并不是美食街，而是京都最著名的花街之一，与祇园甲部、祇园东、上七轩和宫川町一起被称作"京都五花街"。花街就是有艺伎招待客人的茶屋、料理屋等店铺集中的街道和区域。现在，如果想与艺伎和舞伎邂逅，祇园甲部的概率更高一些。先斗町更诱人的是空气中扑鼻的食物香气。

往返盘点了一圈，我们最终落座一家叫六传屋的小店。店外墙上的菜单上，头牌料理是担担面，勾起人对先斗町川菜馆的好奇。进门落座后，我们最终放弃了碳水化合物而选择了以蔬菜为主的小火锅。火锅的主料可以选择牛肉、鸡肉或海鲜，配上豆芽等各种蔬菜，有芝麻、番茄等口味的锅底可选。旁边就座的西方游客中规中矩地点了担担面，看着我们这边咕嘟咕嘟、热气腾腾、有肉有菜的火锅，眼神迷离，口水欲滴。在日本用餐，晚上的话可以喝点日本清酒。不胜酒力的话可以尝尝梅子酒，喝的时候兑上苏打水，加上一片柠檬，清爽酸甜，消食解腻。六传屋在先斗町的北边，饭后我们沿着石叠小路南行，天色已晚，却仍有不少人在两侧众

06 维新之道

多的酒肆、茶屋、旅笼和咖啡馆前逐一抬头驻足、打量斟酌，尚不知今夜落座哪里，一醉方休。

从先斗町南口走出来，立刻就被裹挟到四条河原町热闹非凡的车水马龙之中。晚上9点多了，不少商店尚未打烊。走到河原町最中心地段，只见一家古书店在咖啡馆、面包店、游戏厅和百货店的簇拥中静悄悄地开着。京都还有不少古书店依然艰难维持着营生，寺町通里有大书堂、汇文堂、竹苞楼，而这家开业于1935年的赤尾照文堂却在河原町最好的位置占据着一席之地，实属一个惊喜。书店是开间5米左右的二层小楼，一层的柜台除了书籍还摆放着一些特色文具售卖，通往二层的楼梯两侧也满满地堆砌着大部头的书，有《三岛由纪夫全集》，也有研究鲁迅作品的全集。楼梯上贴着广告："赤尾照文堂——古书籍、木版画，诚实买入"。上得楼来，才是真正的惊喜，这里四壁摆满了美术书，比如西洋草花图谱、品梅、象形花卉贴、日本玩具集，单张或成册模样的图案，以及大量单张或者成册的浮世绘。沉浸于此，不知今夕何夕。

06 维新之道

京都，东山区，维新之道。
沿着它向东上山，路南坐落着灵山博物馆，
路北是京都灵山殉难志士坟墓

关西初识

京都,河原町,
开业于 1935 年的古书店:赤尾照文堂

老龄化与日本经济的停滞

经历了20世纪60—80年代的高光时代之后,日本经济自20世纪90年代初进入停滞。以汇率折算成美元现价计算,20世纪80年代末日本的人均GDP(国内生产总值)已经超过美国,按可比价格计算,日本当时的人均GDP也达到美国的80%。之后,日本经济几乎没有增长,而美国经济一路凯歌,不仅经历了20世纪90年代和21世纪初期的快速增长,而且在2008年金融危机之后也快速恢复,年增长率达到2%以上。现如今,日本的人均GDP已不及美国的三分之二。

许多人把日本的停滞归结为日元升值和20世纪90年代初的资产泡沫破裂。诚然,货币升值和泡沫破裂可以导致经济衰退,但日本的停滞已经快30年了,显然不可能完全用货币升值和泡沫破裂来解释。能够引起如此长期停滞的,只有长期因素。在日本,经济转型和老龄化是最为重要的两个因素。

在20世纪70年代初第一次石油危机之前,日本的经济增长主要靠出口低端产品带动,就像中国在2010年之前一样。20世纪70—80年代,日本经济走向创新之路,汽车和电子产品风靡全球,碾压美国和欧洲产品,真正实现了"日本第一"。然而，美国那边也没有闲着。在经历了20世纪80年代的痛苦调整之后，美国经济在90年代迎来了以互联网和个人计算机为龙头的新经济时代，再次在技术上领先世界。日本在这次经济转型过程中没有跟上，个中原因，除了下面要说的老龄化外，还有日本经济组织结构方面的因素。日本的经济组织，以财团为核心，优势是财力雄厚，一荣俱荣，劣势是不灵活，反应速度慢。新经济的特点是网络化、去中心化，日本经济组织的劣势被放大。

老龄化是另外一个原因。日本的高光时代是经历过二战的一代人创建的，他们经历过苦难，因而能够吃苦，也勇于创新。到20世纪90年代，他们陆续进入暮年，创造力不再，而年轻人含着金汤匙出生，缺少创新的欲望，日本在新经济时代落伍了，也就不足为奇。日本人不仅创新少了，就连消费的需求也降低了，于是日本进入了低欲望时代。

日本的老龄化已经成为日本社会的头号问题。截至2019年，日本65岁及65岁以上人口占全部人口的比例达到28.4%，高居世界第一。为应对退休和老年医疗负担，日本政府负债累累，高达一年GDP的250%，而且这一占比还在增加。年轻人创造的储蓄,很大一部分都用于补贴老年人的福利了,这样的社会想保持增长,当然不容易。

然而,老龄化带来的低欲望社会也不是一无是处。最显见的好处是物价持续降低,因而日本人的实际生活水平每年仍然可以增长近1%。想一想,30年前的日本对中国人来说是多么昂贵的一个国度啊!今天,北京、上海、深圳的房价早已超越东京,而日本的寿司和生鱼片的价格比中国的低至少三分之一。在不远的将来,中国会不会重蹈日本的覆辙?

过去30年里,中国的发展轨迹基本上遵循了日本在20世纪80年代之前的轨迹,先是以出口为导向,然后经历一次世界性危机,经济转入创新推动的轨道。然而,在人口结构方面,中国与日本的一个很大不同是未富先老。日本在20世纪80年代的人口老龄化程度较低,而人均实际收入已经超过美国的一半;我国现在的人均实际收入刚过美国的四分之一,但已经进入老龄化社会。由此,许多人对中国的老龄化前景更加悲观。然而,中国的未富先老可能不是中国老龄化道路上的一个弱项,而是一个强项。原因在于,由于收入水平还较低,许多人还生活在农村或中小城市，城市化以及人口向大城市地区的集中可以抵消老龄化带来的问题，特别是需求和创新方面的不足。从目前情况来看，这个过程已经在起作用，中国在互联网、移动通信和人工智能等领域已经跻身世界前列。

07 蹴上铁道

四月的京都,樱花满地,一片祥和。这背后,是京都百年现代化不懈的奋斗。

蹴上铁道。
100多年前开辟铁路时栽种的樱树,
如今成为蹴上的主角。盛放如雪,倾泻而下,
为灰色的弃用铁道抹上生命之色

蹴上铁道赏樱
南禅寺
再访同志社大学

4月5日上午。
蹴上铁道是除高濑川之外京都樱花最集中的地方。
在怒放的樱花树的簇拥下行走在废弃的铁道上,
日本的百年巨变如电影一般在眼前回放。

一早仍然去三条大桥的星巴克享用"依窗临川牌"早餐。星巴克的糕点和咖啡实在乏善可陈,只是禁不住风景这边独好,不由得一来再来。早餐后步行到三条通的"市役所前"电铁站,乘车去蹴上倾斜铁道。这里是京都赏樱的又一名处。蹴上倾斜铁道是琵琶湖疏水工程的一部分。琵琶湖是日本第一大淡水湖,位于滋贺县,面积达 674 平方公里,约占滋贺县总面积的六分之一。琵琶湖为邻近的几大城市——京都、奈良、大阪和名古屋提供水源,惠及人口达 1 400 万,因此被称为"生命之湖",并与富士山一同被誉为日本的象征。1890 年,京都市琵琶湖疏水工程竣工,此后这条人工运河成为京都市灌溉、发电以及饮用水的水源。它是京都三大现代化工程之一。

全长600米的蹴上倾斜铁道是琵琶湖疏水工程中水运输部分的辅助工程。因为这段铁道所在的地势存有较大的落差，不宜修建水道，就改为修建铁道，代替运河。满载大米、木材、煤炭、清酒等货物的船只驶来此地后，被装载在轮式平台上沿着铁轨运载转运，上坡向南，下坡向北。

如今运河已经弃用，100多年前开辟铁路时栽种的樱树，却成为蹴上舞台的主角。每年的樱花季节，铁道两旁的樱花盛放如雪，倾泻而下，给灰色的弃用铁道抹上生命之色。向东北眺望，一片粉色樱花之上，是遥远的镇守着京都北方的比叡山麓；转向正北方，不远处就是平安神宫。

徜徉在繁花盛景之间，游客们大都忽视了那个摆在一段保留下来的铁道上的大船模型。模型的英语介绍的大致内容是："*这艘三十石船是建造于1890年的琵琶湖运河上使用的货船的复制品。在明治、大正年间，三十石船用于运载大米、煤炭、酱油、清酒等商品往来于京都和滋贺县。由于蹴上和南禅寺之间的水位落差很大，船只通过一条跨越斜坡的轮式平台轨道运载。作为琵琶湖运河设施的一部分，该斜坡于1996年被政府指定为历史遗址。本模型由'滋贺京都协会'捐赠，以纪念该协会于2010年3月成立50周年。该协会还于2014年3月捐赠了货物，以增加模型船的真实性。京都市自来水局。*"

船模型一侧还竖立着另一块图文并茂的牌子，详细介绍倾斜铁道，包括"三十石船"、"南禅寺船溜"以及琵琶湖疏水工程的全面情况。可惜只有日文，借助其中片言只语的汉字勉强略解一二，得知倾斜铁道于1890年启用，1951年9月停用，完成了疏水舟运60年的使命。

经过琵琶湖疏水工程纪念馆，沿着疏水渠向西再向北，一路碧绿的渠水涓涓流淌，两岸樱花盛放。很快就可以抵达平安神宫。我们走到平安神宫的桥头后折返回头，去南禅寺。南禅寺的三大看点是三门、红叶和水路阁。所谓三门是"空门"、"无相门"和"无愿门"，无相无愿，遁入空门是佛教修行中大彻大悟的境界。南禅寺的三门高达22米，在此登高远眺可饱览京都绝色美景，近观可欣赏南禅寺周边的大片枫林，秋天一定是秀色斑斓的景致。陶醉在美景中，遁然出世还是欣然入世，真不知哪个更难，哪个更易。虽然以赏枫名所闻名，南禅寺的樱花却也别有风情，以庄重古朴的建筑、沉稳厚重的色彩为背景，还有花头窗、雨水铃、石灯笼等日本建筑典型元素为映衬，樱花的静美和绚烂格外醉人。水路阁是令南禅寺在京都众多古寺中脱颖而出的稀有风物，它也是京都琵琶湖疏水工程建筑的组成部分。作为京都三大现代化工程之一的琵琶湖疏水工程自古色古香的南禅寺中腾空而过，这本身已经足够有趣，更奇特的是，水路阁还是一个西洋风格的建筑。水路阁的主任设计师田边朔郎（1861—1944年）是日本第一座水力发电站的设计师。据说田边朔郎设计水路阁时刚刚毕业于日本工部大学，年仅21岁。红砖水路阁建造于日本明治时代，于1888年完成。这是日本猛醒于西方工业文化的时代，时势造英雄，伟大建筑出自年轻人之手也并非难以理解。到过南禅寺水路阁的人，常常用这样的一句话评论水路阁："这个建筑很像罗马的水道工程建筑。"可见，南禅寺水路阁充满了西洋建筑的味道。建筑师使用红色砖墙砌成拱形桥式设计，同时也尽可能地考虑与南禅寺周围的环境相配。只可惜我们这一天的行程安排很是紧张，仅匆匆一过，未能好好欣赏水路阁，留下遗憾，也留下再访的念想。

京都市三大事业：走向现代化

在蹴上铁道北端的尽头，冈崎琵琶湖疏水工程纪念馆旁侧的桥头，矗立着一尊巨型的金色雕塑。雕塑塑造的是一个男性躯体，他的头部很小，深埋在颈间，双腿一前一后用力蹬踩大地，与身躯不成比例的巨大的双手推举向天空，刚劲的肌肉线条迸发出巨大的力量和钢铁般的意志。这座巨型的闪光雕塑立于平成四年(1992年)，以纪念"京都市三大事业"竣工80周年。

在794—1868年的1 000多年里，京都是日本的皇都。在日本的历史舞台上，京都曾演绎千年辉煌，也曾遭遇战火焚毁，但最终总能涅槃重生。1868年日本首都迁都，皇室和公家迁居东京，众多的机构和商家也随之迁移。京都面临着重蹈奈良覆辙，从繁华都城沦落为衰败旧都的巨大危机。为了京都的持续发展和长久繁荣，京都市府和民间共同努力，在政治、经济、教育、文化等各个领域制定全方位政策，采取各种措施，兴建大型工程，旨在振兴京都。琵琶湖疏水是其中最著名的一项工程。琵琶湖疏水一期工程于1890年完成，它的意义不仅在于开凿一条连接琵琶湖和京都的水路，引来水源灌溉大量的农田，更在于它是日本历史上首次使用水力进行发电的电力工程。水力发电获得的电力成就了日本最早的城市有轨电车（即京都电气铁道，也是后来的京都市电），并被广泛地用于各种用途的工业动力。疏水一期工程的成功促使京都从迁都之后的停滞中复苏，电力的使用和交通的发达令京都恢复了城市的活力。为了进一步完善城市基础设施，促进城市的发展，京都市在大正时代开始实施琵琶湖疏水二期工程，并于1912年竣工完成。与琵琶湖疏水二期工程同时开展的项目还有疏水上水道的兴建，拓宽道路并铺设有轨电车。这三项

> 工程被称为"京都市三大事业"。可想而知，琵琶湖疏水工程、水力发电和有轨电车为失去皇都泽被而岌岌可危的京都在水运、能源、农业灌溉、工业动力和市内交通等方方面面带来了新气象、新希望和无惧未来的蓬勃的生命力。
>
> "京都市三大事业"纪念雕塑的基座上，刻着中国唐代诗人陈子昂所作《岘山怀古》的最末两行诗句"谁知万里客，怀古正踯躅"，借以表达对那些为京都的复苏和振兴做出奉献和牺牲的无名英雄的缅怀和感谢。纪念碑文还写道："现在，在京都市三大事业竣工 80 周年纪念日，我们为人民的幸福和京都的永恒祈祷……"

一上午，在蹴上铁道和琵琶湖疏水道沿途往返，赏樱观水，参观南禅寺，大狗已经归心似箭。这时候，大狗的眼神既是迷离的，又是犀利的，还没有出得南禅寺的山门，就侦察到一辆正在下客的黄色出租车。人家前脚下客，他后脚就着急忙慌地坐了上去。回到酒店取了送给金春的礼物，休息片刻，我们出门再去同志社大学和金春见面。1月来京都时狗妈已到访过同志社大学，这次和大狗一起再访。临行在首都机场买了一把小茶壶，挺精美的瓷器，挺高档的礼品店，居然不搭配任何包装，连一只塑料袋也讨要未得。我们只好捧着纸盒带上飞机。到了京都，在酒店旁边街角的风吕敷专卖店买了包装纸，学着日本人包装起来，虽然不及日本人里三层外三层那么隆重，总算有个拿得出手的模样了。

4月初是日本大学新学年的开学季，校园里正在进行社团招新活动。原本宁静空旷的广场上摆满了各个社团的招新摊位，年轻的学生们满脸好奇、兴奋和面对新生活的些许不安。日本的学年周期和其他北半球国家不一样，春季学期是一个新学年的开始，这种另类的安排对于大学之间的学术交流还是有一些影响的。但是，在樱花盛开的日子里迎新，也别有一番意味。广场上正在怒放的樱花，也给新入学的学子们平添了对未来的美好憧憬吧！

到金春任教的法学院简单参观后，我们就去乌丸通西边一家深藏小巷中的泰餐馆用餐。今出川通位于京都的上京区，地理位置算是有些偏远了，餐馆的价格也就平易许多，四五样菜肴的丰盛套餐加上饮品和甜点自助，只要1 200日元（约合人民币70元）一份。

关西初识

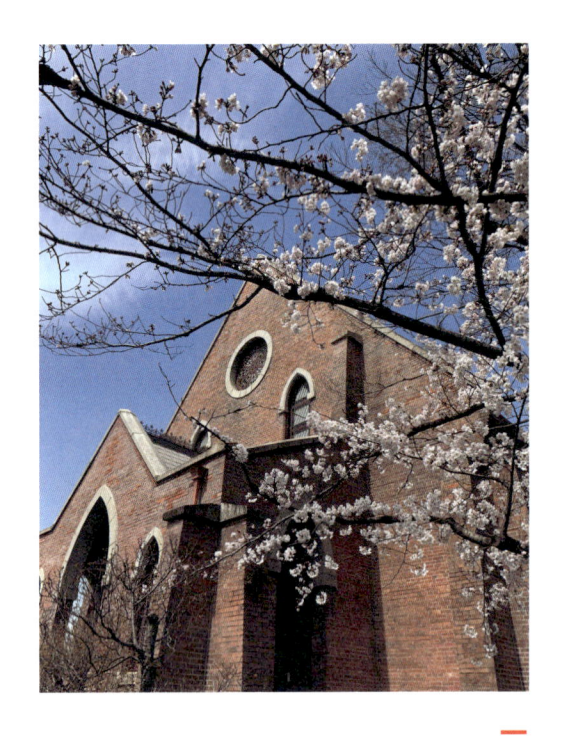

同志社大学礼拜堂

07 蹴上铁道

真如堂
哲学之路
京都大学

4月5日下午。
吉田山一带的寺庙没有多大名气，却是日本宗教世俗化的缩影；
吉田山下的京都大学是日本科学研究的重镇。

饭后坐地铁回到酒店，大狗准备下午4点在京都大学经济研究所的演讲，狗妈则出门在酒店周边散步。酒店北边隔着一个街区的一条叫作大黑町的小马路上，有一间酢屋，曾经是坂本龙马在京都的藏身之处。这是京都的一座很不起眼的两层町屋，如果不是屋前东侧的角落竖着一块"坂本龙马寓居所"的石碑，走过错过是稀松平常的。小楼门洞大开，上方横匾为"酢屋"。酢，同"醋"，酢饮是用各种浆果制作的果醋饮料，尤指带气泡的。町屋的木栅栏上还挂着一块镜框，手书"龙马的海援队，海援队京都本部，找木商，酢屋"的字样。还有一块牌子上写着："龙马部屋公开中，酢屋"。

门外石碑旁边，立有"史读会"设立的木牌，上书"坂本龙马史迹之一端"，介绍龙马海援队的情况，"海援队京都本部，酢屋嘉兵卫宅，京都河原町三条下车道大黑町"，以及海援队队长（坂本龙马）和成员的名单。据说这里当年一层是一家木材店，二层是龙马的海援队京都总部。现在一层也是一家商店，出售诸如案板、筷子以及木质玩具和木质艺术品等小件木制品。不清楚"酢屋"的意思为何。町屋的二层是"坂本龙马艺廊"，可以付费上楼参观。每年到了龙马的忌日旧历十一月十五日前夕，酢屋屋前会摆出小供桌，供人凭吊。

大黑町与木屋町只有几步之遥，在风和日丽的午后，想象这条小巷以及东边的高濑川和木屋町，曾经刀光剑影闪烁，侠客志士往来，如今斯人已逝，酢屋尚在，赏樱的人们在高濑川的水边、桥畔，流连忘返，不免凭生许多感慨。

下午3点半左右，狗妈回酒店和大狗一起乘坐出租车去京都大学。京都大学位于京都左京区，即京都东北部的吉田山脚。这一带因为大学的存在，脱离了京都市井烟火的浸润和规矩方圆的拘束，空间布局开阔了许多，建筑风格也更加现代。这一天是春季学期开学日，大学正门口排着长长的队伍，新生们正在依次留影，男生个个西装革履，女生的打扮多是清纯干净的学生装，白衣黑裤之类。不少孩子都有父母相伴左右，呵护有加。大门正对着的圆形花坛中，是一棵巨大的樟树，为散坐在花坛周边的人们遮蔽日头，也映衬着后方咖啡色的大学主楼。和同志社大学一样，主楼前的广场上有很多学生社团在招新，有合唱团、舞蹈团……经济研究所的小林先生来大门处迎接我们，约好6点再来此地碰头一起晚餐后，狗妈独自到周边消磨两个小时的时间。

日本的诺贝尔奖

京都大学是日本诞生诺贝尔奖获得者最多的大学。截至2019年，获得诺贝尔奖的日本籍人士共有27人，其中11人是京都大学的毕业生或教师。日本获得诺贝尔奖的第一人汤川秀树既是京都大学的毕业生，又曾是京都大学的教授，他因为预言介子的存在而获得于1949年诺贝尔物理学奖。有意思的是，日本最近一次获得诺贝尔奖的人也出自京都大学，他就是工学部的教授吉野彰，因为发明锂离子电池而获得于2019年诺贝尔化学奖。京都大学是当之无愧的日本诺贝尔奖获得者的摇篮。

获得诺贝尔奖是中国人心心相念的梦想，迄今为止，中国籍的获奖者却只有屠呦呦和莫言。近些年来，日本科学家屡屡获奖，越发勾起了国人对诺贝尔奖的向往。然而，回顾日本获奖的经历，我们可以得到两个结论：其一，目前中国获奖少是可以理解的；其二，30年后，中国将迎来获奖的高峰期。

在2000年以前，日本总共只有5位诺贝尔科学奖获得者（另外还有2位诺贝尔文学奖获得者和1位诺贝尔和平奖获得者）。此时，日本政府提出一个宏伟的计划，要在21世纪上半叶获得30个诺贝尔科学奖。到2019年，已经有19人获奖，年均每年一人。照这个速度下去，完成计划不在话下。然而，查阅一下这19人获奖的情况就会发现，他们的工作大多是在20世纪七八十年代完成的。比如，最近获奖的吉野彰对锂离子电池的研究，是在20世纪70年代完成的。

北京大学国家发展研究院的毕业生韦志超做过一个很有意思的研究，发现了诺贝尔科学奖的"双门槛模型"：一个国家的经济规模超过2 100亿美元、人均收入超过32 000美元之后，诺贝尔奖获得者的人数随着人均收入的上升而上升。前一个门槛相当于要求一定的人口规模，后一个门槛要求一定的富裕程度。由于收入是动态变化的，人均收入32 000美元换算成美国人均收入的百分比更科学一些。这个收入相当于美国人均收入的54%，因此，我们可以说，如果一国的人均收入达到美国的一半以上，人口规模在700万以上，则诺贝尔奖获得者的人数随着人均收入的上升而上升。日本的情况符合这个"双门槛模型"。我国目前的人均收入是美国的四分之一，30年之后赶上美国的一半不成问题，因此，从那个时候开始，我国将出现诺贝尔奖获得者辈出的现象。值得注意的是，那时的获奖者的工作将是现在正在进行的工作。换言之，我国现在已经开始出现诺贝尔奖级别的科研成果。

有人会说，中国的教育和文化不鼓励创新，上面的预测太乐观了。然而，中国的教育和文化不比日本更不鼓励创新，事实上，日本比中国更重视对权威的尊重。日本在21世纪爆发性的获奖情况告诉世界，对东亚文化的固有看法是站不住脚的。现代科学研究能否做出高水平的成果，不外乎两个条件，一个是有足够数量的天才，一个是有足够多的资金。这其实是"双门槛模型"的两个条件。天才在人群中的比例基本上是确定的，各个国家之间的差别很小，因此，大国比小国拥有更多的天才，中国更具有得天独厚的优势。但是，只有天才，没有资金支持，在当代要做出高水平的科学成果几乎是不可能的。多年前，我去美国一所大学看望一位朋友，她举着手中的试管说："这支试管中的试剂值1 000美

> 元（约合人民币6 473元）。"可见，没有雄厚的资金，连起码的实验都没法做，像屠呦呦那样用嘴尝试药材的时代，早已一去不复返了。所以，中国人一是要有信心，二是要有耐心，等待中国科学家大规模获得诺贝尔奖的时代来临。

原本是计划去大学附近一条小巷中的重森三玲庭园美术馆，跟着谷歌地图走，绕着"目的地"转了两圈，又询问路人，方才找对地方。从外观看，这处宅邸在日本已算是深宅大院的规模，之前找寻时是路过的，却没有发现。刻意打量才发现，在紧闭的大门左上方有一木质铭牌，上书"重森三玲旧宅：主屋 书院 庭院"，门脚下不起眼处插着一块A4纸大小的告示牌："重森三玲美术馆，本日的见学终了。见学事前申请制，预约：075－761－8776。"原来是需要预约方可参观。后来得知，除了电话预约，美术馆也可以邮件预约参观。

重森三玲（1896—1975年）是昭和时代自二战之前至二战之后日本最著名的作庭家、造园家，是日本庭院景观设计巨匠。他曾经考察了500多座日本庭院，根据调研获得的资料撰写了《日本庭院史鉴图》等日本庭院研究的经典之作，被誉为日本枯山水庭院研究"不可磨灭的金字塔"。他曾这样诠释日本庭院："所谓枯山水，就是将庭院的自然之美写成一首诗。"毗邻京都大学的重森三玲美术馆，是其私人宅邸，内有重森三玲在晚年创作的枯山水庭园。京都东福寺的方丈庭是他毕生所造 200 多座庭院中的代表作。

　　与重森三玲失之交臂，转念翻越吉田山去东山的哲学之道。吉田山上有吉田神社，还有著名的咖啡馆茂庵。茂庵的位置和周遭风景，令人想起西湖保俶山上保俶塔下的咖啡馆"纯真年代"，虽然高居山麓深藏林间，却是一间酒香不怕巷子深的网红店。吉田神社后面有一片小规模的鸟居，属于竹中稻荷神社。鸟居沿着吉田神社的后墙排列成行，旁侧两排年代久远的吉野樱，樱花映衬在鸟居上，粉红与橘红两两相映，摇曳生姿，在晚霞的金色光线中织就一幅绚烂的织锦图。山上游客稀少，只有三五个独自来访的年轻人，一看就知是单反"发烧友"，扛着巨大的镜头或站或趴或侧卧取景照相。午后暖阳下，光线柔和，空气通透，吉野樱不受打扰兀自开放，是个可以安安静静专心赏樱的小众去处。山上树木葱茏，掩映着不少人家，更有不少寺庙。路过一个叫作"极乐寺"的小庙，寺庙和住家合二为一，主人是一位古稀老妇，正在和开着货车前来送货的年轻人热情寒暄，看上去彼此说的都是客套话。好不容易礼数周全地告别，司机驾车离开，却又在转角处特意停车下来，再次下车向老妇致意告别。两人相对鞠躬，一而再，再而三，令旁观者忍俊不禁。再向前几步，突见又一座"极乐寺"，特别认真地注明"真正极乐寺"。原来寺庙也是有冠名权竞争的。真正极乐寺的全名其实是"天台宗真正极乐寺真如堂"。现今的日本，一般小寺庙就是一个家庭生意，香客们的供奉是这门生意的主要财源，所以，竞争也就是常理了。

吉田山一带寺庙林立，有名的不止二三。吉田神社、宗忠神社、金戒光明寺，还有真如堂、元真如堂，稍远还有白川通和丸太町通相交处的冈崎神社。时间不许一一到访，只能在真如堂逗留。真如堂是红叶名所，早春4月，总门前的红枫刚刚开始抽出新叶，每一片枫叶都是鲜嫩欲滴。山上风大，纤长的枫树枝条举着枝头的初生枫叶，刚刚伸出的几只嫩绿带红的叶尖，在风中飘摇，等待春天和夏天的成长以及秋天的登峰造极。真如堂的总门又叫"红门""一般门"，建于1695年。据说真如堂的邻舍吉田神社的神会在夜间造访，因此总门不似通常的佛门那样门槛很高，而是不设门槛。真如堂虽然不是赏樱名所，樱花却也开得彤云团簇，动人心魄。正殿前面有三座高大的石灯笼，左手的一座完全被包裹在一株高大茂盛的染井吉野樱的粉色花朵之中，石灯笼的灰色沉稳和樱花的粉色浪漫相得益彰。寺院规模宏大，内设正殿、三重塔、大师堂、药师堂、塔头，以及据说祈求妇女健康的观音堂等。只有三重塔开放，观音堂等几处都在修缮中。

哲学之道位于东山山麓，沿着人工河渠旁，从若王子神社途经法然院，止于银阁寺，是一条长约1.5公里的散步小径，曾入选"日本百条名路"。因哲学家西田几多郎（1870—1945年）经常来此散步，思索人生哲理而得名。路旁的樱花树是画家桥本关雪（1883—1945年）的夫人所赠。春天时，沿途两旁关雪樱盛开，形成一条樱花隧道，花谢时花瓣散落水面，又别具风情。

原本上山的目的是抄近道去哲学之道，上山方知山上的风景不输哲学之道。到达哲学之道，发现此处已被游人占领，商业气息浓郁，反倒没有空间体会出哲学的味道。想来哲学之道，应该选一个初秋的早晨从银阁寺那里一路沿着疏水路走下来直到南禅寺，才能够体会出它的意境吧。天色已晚，自北向南在游人前后簇拥之间匆匆走过一小段哲学之道，就折向西到大路准备打车回京都大学。樱花季节，打车困难，正在焦急之中，听到身后汽车鸣笛，原来这位司机方才载客经过时见到有人在路边等待，在不远处下客后，特意返回鸣笛示意。乘车沿着白川通向北，又经过百万遍一带，发现京都大学周边街道两旁也是樱花盛放的景色，可谓春城无处不飞花，举头低首，左顾右盼满目是樱花。难怪有人感慨道，看到审美疲劳，无法自拔。

回到京都大学后，我们和京都大学经济研究所所长沟端先生以及他的学生小林先生一同去三条通鸭川附近的四季彩和屋用餐。这家饭店隐蔽在鸭川东岸一条安静的小巷里，做的是非常地道的京料理，但用餐形式不拘泥于怀石料理的享用方式，客人可以更加放松地围坐，照着菜单现点，料理师现做。两位日本朋友不怎么吃菜，只一杯一杯地灌啤酒。聊起京都的种种，问起一些不解的问题，沟瑞先生和小林先生也有无法回答的时候，不禁莞尔。看来生活的时间久了，当地人对身边的事物有了钝感，倒是充满了好奇心的外地人更敏感。小林曾经在武汉大学学习过两年，汉语说得很好。酒到酣处，小林回忆起他在武汉大学学习汉语的趣事。初学汉语不久，习得"小白脸"一词，感觉很有趣，并误以为是赞美英俊男子的褒义词，正好有师姐带着男友来玩儿，小林便跃跃欲试地练习起来，对师姐说"你的男朋友是个小白脸"，博得师姐的一个白眼。从此"小白脸"成了小林记忆最深刻的一个汉语词汇。他从京都大学毕业之后，去九州的松山大学教书。这次是为参加大狗的讲座专程回到京都。

这里已经离三条大桥不远，过了桥就是我们住宿的酒店。沟端先生要坐地铁去京都站转乘新干线回大阪家中，小林则在酒店住宿一夜再回松山。餐后几个人在夜色中沿着鸭川东岸向南漫步而行，依次告别。小林的酒店最远，他送我们到落脚的酒店附近，站在那里不停地鞠躬示意，我们一回头，他就鞠躬，再回头，又鞠躬。我们不忍心回头劳他频频鞠躬，不回头又恐失礼，只好尽量加快脚步赶往酒店。

今天趁着大狗在京都大学交流之际，狗妈到左京区京都大学附近的吉田山一带闲逛，是顺便之旅，只两个小时的山中行走，却有很多不期而遇的惊喜，又留下不少遗憾。比如吃了闭门羹的重森三玲庭园美术馆,应该歇息片刻的吉田神社近旁的人气咖啡馆茂庵,以及真如堂的茶馆。那一片的冈崎神社,以及圣护园,也都是应该到访之处。

07 蹴上铁道

吉田神社。
从京都大学沿着东一条通向东走,
不远处就是位于吉田山西麓的吉田神社。
从这里上山,在苍翠树木和烂漫樱花之中散落着许多
看似寂寞却颇有来历的寺庙

关西初识

真如堂。
正殿前有三座高大的石灯笼,
被包裹在吉野樱的粉色花朵中。
赏枫名所的樱花也开得彤云团簇,惊心动魄

08 岚山

在过去的1 500年中,中日两国相互影响,尽管也曾兵戎相见,但进步是主流。

岚山，龟山公园，周恩来纪念诗碑。
"……潇潇雨,雾蒙浓;一线阳光穿云出,愈出娇妍。"

天龙寺
岚山
周恩来诗碑

4月6日白天。
岚山是京都附近有名的风景名胜，
与周恩来诗碑不期而遇更是给中国人的惊喜。

    京都周边有不少人气景点，除了奈良，还有以抹茶和源氏物语博物馆著名的宇治、京都本地人的赏樱名所背割堤所在的八幡、琵琶湖西南岸以近江八景著称的大津以及山水一色的岚山等。但每次来京都数日，日日迷失在京都的十步一寺、五步一庙以及纵横交错的町街里，除了桂离宫和神学院离宫这两处位于近郊的皇宫我们曾经拿出宝贵的半日时间前往参观外，一直犹豫着没有迈出京都。此次京都樱花之旅的最后一天，我们决定走出京都看一看。是再访奈良还是去岚山？讨论一番后，我们最后决定去路程稍近的岚山。

    岚山位于京都西郊，海拔382米，以春天的樱花和秋天的枫叶闻名。过去王公贵族经常在岚山脚下的大堰川上轻舟荡漾，欣赏岚山四季的美丽景色，春天里淡红娇嫩的樱花令人陶醉，秋日里绚烂如火的枫叶犹如悬挂天际的浮云。川上有一桥，名渡月桥，是岚山的象征。大堰川绕岚山脚下潺潺流过，两岸山上松柏青葱茂密，是看山玩水的好去处。

早上仍然去三条大桥星巴克临川早餐。餐毕沿着河原町向北步行到地铁京都市役所前站，乘坐地铁到太秦天神川站，出地铁转乘岚山有轨电车，一直向西到岚山。岚山有轨电车简称岚电，于1910年开通，是京都唯一保留至今持续运行的路面有轨电车。作为京都市三大事业的宝贵遗产，岚电已经有近110年的历史，至今仍然是繁忙而重要的公共交通线路。岚电共有两条线路，一条是终点为岚山的"岚山本线"，另一条是终点为北野白梅町的"北野线"。相较通往岚山、嵯峨野、保津川、渡月桥的本线，北野线是小众路线，但它途经众多神社佛寺，尤其是北野白梅町一带，北野天满宫、龙安寺、金阁寺、仁和寺、妙心寺，每一处都是可以逗留半日的去处。钟情于有轨电车的人，也可以买上一张有轨电车一日券，坐在复古风的紫色岚电车厢中穿越古今，逍遥一日。

在京都乘坐地铁查阅线路图，总是看到"太秦天神川"这个地名。我们曾经在三秦大地生活多年，对这个地名略略好奇，不知此"秦"（太秦）与彼"秦"（秦始皇）有着什么羁绊瓜葛。著名历史学家林屋辰三郎所著《京都》一书中专门写道："让京都盆地登上日本历史舞台的是5世纪以后中国和朝鲜移民在这里的定居。在这片盆地，洛西之名也曾指太秦。"[1] 传说在应神天皇时期（约 270—310 年），日本和中国往来密切，大量渡海而来的移民中，一支由自称秦始皇后代的弓月君率领的移民颇有影响。秦氏移民带来了农耕、养蚕、织绢技术，还擅于兴修水利。他们在桂川上修筑大堰，灌溉农田。作为向朝廷进贡的犒赏，应神天皇赐姓"太秦氏"。太秦一带如今的风貌与日本普通的郊外住宅区一样平淡无奇。但是这个带着秦味的地名，隔着悠悠岁月，经历世事变迁，仍然传递来一份亲切的感觉。东映太秦映画村是太秦区域著名的景点。这个日本唯一的古装剧主题公园是很多江户题材电影的拍摄地，游人在此可以重温江户时代的小镇生活风貌，或者碰巧遇到拍摄电影的机会，邂逅某位电影明星。

太秦天神川是转乘站，客流量很大，就见身穿制服的岚电工作人员推着小车载着设备走上站台，回程才知道所载的设备是流动售票机。在日本乘车一般是后门上前门下，下车前在刷票机上刷票。太秦天神川站下车的人多，下车的客人在电车上一个一个地刷票耽误时间，影响电车运行，因此在赏樱季节特别安排客人快速下车后在流动售票机上付款刷票出站。赏樱季节的岚电车厢人头攒动。车厢里悬挂着南座戏院的大幅广告，正在上演"御代始歌舞伎彩"，剧目中有很

---

1 林屋辰三郎.京都[M].李濯凡，译.北京：新星出版社，2019：27.

08 岚山

多熟悉的地点："法住寺殿今样台""四条河原阿国舞""桂离宫红叶狩""大觉寺樱比""祇园茶屋雪景色"等，虽然是日文，读着汉字也能明白大致意思，悟出些许剧目的意境来。

在岚电岚山本线的终点站岚山站下车，随着熙熙攘攘的人流赶往嵯峨野观光小火车嵯峨野站。嵯峨野小火车从嵯峨站出发，沿着保津川峡谷缓行，春可赏樱花，秋可观红叶，夏天看新绿，冬天则有机会穿越银装素裹的世界。来岚山乘坐小火车大约是游客的第一要务，果然，等赶到嵯峨野小火车售票大厅，发现火车票已经卖到下午3点的车次了。游览岚山的交通工具只好改为"11路"，转道步行去天龙寺赏樱。

京都很多寺院的网站上只有日文，而天龙寺的网站有日文、英文、韩文和中文共4种语言，传递出一种自命不凡的气势。网页上有关天龙寺缘起的介绍开篇首句是："名胜岚山和渡月桥，包括天龙寺西龟山公园，过去都曾归属于天龙寺。"曾经在岚山"独霸一方"的天龙寺何以有"自命不凡"的底气，是因其建造者足利尊氏和开山之祖梦窗疏石（1275—1351年）皆为日本历史上鼎鼎有名的人物。足利尊氏是室町幕府第一代将军。梦窗疏石不仅是拥有皇室血统的高僧，更是日本庭园巨匠和枯山水鼻祖。室町初年，后醍醐天皇驾崩，足利尊氏听从梦窗疏石的劝告，修建天龙寺供奉纪念已故天皇。作为临济宗禅刹，天龙寺在明治九年（1876年）成为临济宗天龙寺派总寺院。在明治维新颁布"土地上缴令"之前，嵯峨一带的名胜，如岚山、渡月桥以及天龙寺西龟山公园，都归属天龙寺所辖。明治十年（1877年），根据明治政府土地令，岚山约53公顷（不包括藏王堂境内580平方米）土地，以及整个龟山、嵯峨约4平方公里的土地被悉数收缴，最终天龙寺仅存土地10公顷，相当于过去的十分之一大小。在频繁的火灾和战乱中，天龙寺还几经烧毁。所幸的是，由梦窗疏石所设计的曹源池幸免于难，留存至今。

虽说是足利尊氏听从梦窗疏石所请而建，但天龙寺得以建成与中国颇有渊源。同属临济宗的镰仓建长寺于正和四年（1315年）遭遇火灾被毁。为取得重建费用，正中二年（1325年）镰仓幕府批准派遣船只与中国元朝进行贸易，并约定不论贸易亏盈，贸易船船长必须向幕府缴纳3 000贯铜钱，作为重建建长寺的费用。为获取修建建长寺经费而赴元贸易的船被称为"建长寺造营料唐船"。随后，日本于1328年派遣了"镰仓大佛造营料唐船"，1333年派遣了"住吉神社造营料唐船"。兴建天龙寺时，资金缺口仍然是个难题，幕府与梦窗疏石商议后决定派遣"天龙寺船"赴元贸易以取得建造寺院的资金。这一次，室町幕府要求不论盈亏，都须缴纳5 000贯铜钱，以充作天龙寺兴建资金。于1342年出航的"天龙寺船"次年满载唐物而归，其中有大量的浙江龙泉窑出品的青瓷花瓶和香炉，最终获利颇丰。可以说，天龙寺之得以兴建，得益于与中国元朝的贸易。

天龙寺大门处专门为庭院中的枝垂樱打出广告，招徕游

08 岚山

人前往观赏。其实一旦迈入寺门,花枝招展的吉野樱、山樱、八重樱就已争奇斗艳,令人目不暇接。天龙寺即使忍痛割爱上缴了大片土地,如今仍然方圆宽阔,去往天龙寺法堂的路上,一侧是宽敞的停车场,一侧依次坐落着天龙寺的塔头寺院——松严寺、慈济院和弘源寺。这几个塔头寺院紧邻而居但建筑风貌迥然不同,各自保留着室町时代或者德川时代的风格烙印。

天龙寺外的塔头宝严院的庭院是春赏苔藓、秋观红叶的著名景点。这个时节正逢春季特别开放的时段,却是门前冷落车马稀的光景,大约青苔虽美,总不敌樱花绚烂。有趣的是,宝严院"特别参拜"的指示牌上,贴着两个临时性的指路标记,一个是"渡月桥(大堰川)近道",另一个是"周恩来先生诗碑近道"。想来必定是问路者众,不胜其扰而特意标记指示。

我们沿着指示的方向寻访周恩来诗碑。周恩来于1917年从南开中学毕业之后,加入了当时赴日本的留学大军,目标是进入东京高等师范学校深造。但他的日语不过关,没有通过考试,后来又试过东京第一高等学校,也没有通过。1919年3月,得知母校南开中学要开设大学部,他决定回国读书。4月,在回国途中,他在京都友人处短暂逗留。4月5日,他冒雨到岚山赏樱,留下诗作《雨中岚山》。1978年,日本开始筹划在岚山建周恩来诗碑,请与日本渊源深厚的同盟会元老廖仲恺的儿子廖承志手书。1979年4月16日,周恩来遗孀邓颖超借访问日本之机，为岚山周恩来诗碑揭幕。

周恩来诗文如下：

雨中二次游岚山，
两岸苍松，夹着几株樱。
到尽处突见一山高，
流出泉水绿如许，绕石照人。
潇潇雨，雾蒙浓；
一线阳光穿云出，愈见姣妍。
人间的万象真理，愈求愈模糊；
模糊中偶然见着一点光明，真愈觉姣妍。

周恩来一般作古体诗或律诗，而这是一首现代诗，还明显地带有日本和歌的影子。周恩来当时 21 岁，在日本一年半的时间里，获知俄国十月革命的消息，开始接触马克思主义。诗文里的"一点光明"，大概是指他从俄国革命里悟到的启示。一代伟人，在年轻的时候也曾经有过彷徨和不知所措。周恩来要成为一位共产主义者，还要等他加入另一个方向上的留学运动——赴法勤工俭学之后。

在周恩来诗碑处流连许久，我们翻越龟山去寻访号称"日本最美竹林"的嵯峨野竹林小径。走入竹林，立刻被包裹在两侧高耸着的翠竹之中。竹叶交织错落，竹影轻摇暗动，令人想起杭州玉泉植物园北门外那条竹林小径。不过，实事求是地说，不论从哪方面讲，规模、景观、环境，嵯峨野竹林恐怕都不及玉泉竹林。想象中的曲径通幽的意境，春天里竹子拔节的声响，都隐没在熙熙攘攘的人海中。但慕名而来的游人仍然兴致盎然，在不足两米宽的林中小道中摩肩接踵，缓缓前行。

中午在良弥商店里的奥之庭餐馆用餐。一人一份荞麦面，配味噌汤和炸猪排米饭的套餐。在日本曾经吃过的最好吃的荞麦面是有一年去箱根吃到的。我家的北京知识分子在《读书》杂志上读到一篇写东京知识分子的文章，说他们会为了吃到地道的荞麦面，专门坐电车从东京去箱根。那年在东京，我家的北京知识分子决意要模仿一次，体验一回东京知识分子的情趣。箱根有温泉，吃了荞麦面，还可以泡温泉。从东京坐电车到箱根，要两个小时。到达之后，就迫不及待地寻找荞麦面店，很快就在火车站的一个不起眼的小店里坐下，吃到了最好吃的荞麦面。正宗的荞麦面吃法是：荞麦面煮好，晾在一个圆形的竹箅上，旁边放一小碗淡酱油，加芥末和葱花，吃的时候把芥末和葱花在酱油里搅匀，然后夹荞麦到碗中蘸一下，入口咽下。如此简单的吃法，是为了品味荞麦的清香。箱根车站的荞麦面，成了大狗的一段美好记忆。

这次的荞麦面，味道当然远不及箱根的，只是借此机会再回忆一番而已。下午回程仍然乘坐岚电转地铁，到市役所前站下车，在地下商业街的河原町广场正好赶上京都各所大学的学生们表演舞蹈。这是结合了现代元素的日本传统仪式舞,有的类似陕北腰鼓表演,有的类似蒙古舞。我们坐在旁边的咖啡店 Casada Café 一边喝咖啡,一边看表演。这家咖啡店现场烘焙的各式面包,香气诱人,我们打算第二天一早放弃三条大桥的星巴克,专程来此享用。

08 岚山

—
去往岚山的岚电,
车厢里悬挂着南座剧院的歌舞伎演出广告

明治、大正时代日本对中国的影响

明治维新之后，日本迅速崛起，开始仿效西方列强进行海外扩张。日本的第一个目标是朝鲜半岛。1894年7月，以东学党之乱为借口，日本入侵朝鲜，与驻扎在那里的清朝军队开战。陆上战役从7月29日打到10月25日，日军突破清军的鸭绿江防线。在海上，9月17日发生黄海海战，清军损失惨重，5艘战舰被日军击沉或受创自沉。紧接着，日军攻陷旅顺要塞。第二年1月25日，日军进攻威海卫，历数日，将北洋水师的残留舰艇悉数击沉在刘公岛。4月17日，历经一个月的谈判，李鸿章被迫在下关（马关）春帆楼与日本首相伊藤博文签署《马关条约》，放弃朝鲜，割让台湾。

甲午中日战争的胜利，极大地激发了日本的民族主义激情，明治政府趁势废除了与西方列强签订的所有不平等条约。紧接着，日本孤注一掷，于1904年发动对俄国的战争，意图赶走俄国在中国东北的势力。这就是在中国土地上进行的日俄战争。当时的俄国，虽然做"欧洲的警察"已经力不从心，但账面上的国力仍然比日本要强大得多。但结果让世界震惊：日本大获全胜。

有意思的是，在两次战争过程中，日本都邀请列强使节和记者随军观战，战争方式也相当"文明"。特别是在日俄战争中，日本把俘虏的俄国军官运回日本，还让他们的家属同行，优待有加。日本将日俄战争的胜利看作黄种人对白种人的第一次胜利，民族自信心和种族自信心大增，为其日后以建立"大东亚共荣圈"为名发动全面侵华战争埋下了伏笔。

日本的崛起对中国的影响是巨大的。影响之一是让中国知识精英明白，只学习西洋的技术是远远不够的，改变制度才是关键。这最终导致1898年的戊戌变法。可惜，变法很快被慈禧镇压，戊戌六君子命丧刑场。

影响之二是让妄自尊大的清政府意识到，日本是值得中国学习的。甲午中日战争两年之后，清政府就派出第一批13名赴日留学生，之后逐年增加，到日俄战争之后达到最高峰，1906年赴日留学生达到7 283人。[1] 国人熟知的鲁迅先生，自1902年赴日留学，到1909年回国，在日本长达7年之久。

影响之三是为中国输送了法律等制度要件。中国原本的法律体系近似于英国的普通法体系，各级司法机构

---

[1] 王晓秋. 揭秘辛亥革命与20世纪初盛极一时的赴日留学热 [EB/oL]. (2010-10-26). http://roll.sohu.com/20101026/n276472257.shtml.

的判决很大程度上依赖以往的判例。明治维新之前，日本的法律基本上承接唐律，维新之后开始引进欧洲大陆的法律体系。德国是19世纪后期欧洲上升最快的国家，自然成为日本学习的对象。宫崎骏的封山之作《起风了》，描述的就是日本工程师如何通过向德国学习，最终生产出零式战斗机的。直到今天，还偶尔可以遇到会说流利德语的年长的日本人。在亚洲，日本是当时最成功的国家，自然也成为亚洲国家学习的对象。在戊戌变法过程中，光绪皇帝发布的改革诏令，很大程度上是康有为的《日本变政考》中的内容。当时恰逢伊藤博文访问中国，变法者甚至有过邀请他做首相的动议。庚子事变之后，戊戌变法的改革举措重新成为朝野的议事日程，清政府聘请许多日本法律专家帮助中国建立现代法律体系。辛亥革命之后，民国继承了清朝的法律框架，中华人民共和国的立法虽然受到苏联的影响（实际上，苏联早期也是向德国学习的），但法律框架仍然对民国法律框架有许多继承，中国的法律体系因而变成了大陆法系。

　　日本在20世纪初对中国的影响，不限于以上三点。由于日本率先接受西洋的法律、制度和文化，中国的许多新名词是借用日语翻译的,其中一些词汇曾经出现在中文里,但有了新的指代,如"文化""封建""社会""革命""科学""经济""地理""宇宙""思想""宪法""自由""世界""学术"等。据中国学者统计,这一时期从日本流入中国的新词汇为588个,日本学者统计则达到784个。[1]

日本还是中国反清力量的避难所和后援地。孙中山就与日本有不解之缘。孙中山原名孙文,"中山"这个名字就是他的一位日本友人平山周给他起的化名。自1895年第一次流亡日本,此后20多年里,孙中山多次稽留日本,其间发生两件大事。一件是1905年孙中山在宫崎寅藏等人的支持下成立同盟会,另一件是1915年孙中山在梅屋庄吉夫妇主持下与宋庆龄成婚(此前孙中山还有过一个日本妻子)。辛亥革命之后,孙中山曾经寄希望于日本的支持,但1919年五四运动爆发之后便抛弃了这个想法。受到俄国革命的影响,1924年他改组国民党,使之成为一个现代意义上的革命政党,开启了第一次国共合作。

---

[1] 窦硕华.日本传入中国的词汇[J].日语知识,2005(4).

关西初识

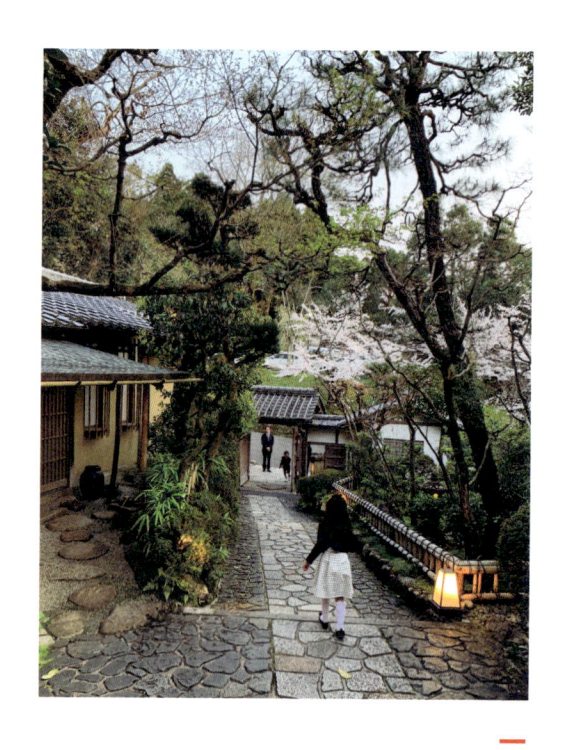

左阿弥，料亭。参加婚礼的小花童

08 岚山

左阿弥
圆山公园
河源町

4月6日晚上。
京都樱花盛开的时节,是体会日本文化、感受日本社会沧桑巨变、思考中日交往千年的最佳时刻。

回到酒店,大狗要看电视休息,狗妈去药房做最后一分钟采购。日本的药房不仅卖药,还销售化妆品、清洁用品和各种小物件。原本的购物单上只有三样待购物品,从药店出来的时候购物袋里却塞满了不下十样东西,除了洗面奶、润唇膏这样的大路货,还"意外"收缴了抹布、指甲钳、染发剂、牙膏、感冒药,胃痛药等。

傍晚我们乘出租车去左阿弥。周六傍晚的河原町四条一带车流和人流水泄不通,汽车行驶缓慢,路边人行道上行人也拥堵不堪,基本无法起步行走。如此繁华盛世的模样,为什么日本经济就没有增长呢?经济学家答道:30年前京都就这么繁华了,已经没有增长的空间了。

关西初识

  在八坂神社西门楼前的丁字路口足足等了三四个红绿灯，出租车才终于驶入东山一带，得以在 6 点之前按时赶到左阿弥。左阿弥是织田信长的侄子织田赖长于 1615 年兴建的寺院，距今已有 400 多年的历史。寺院在 1849 年开始经营高级料亭，后来渐渐成为京都的文人墨客饮酒作诗的聚会之地。据说川瑞康成就是在此写就了《暗夜行路》和《古都》。

  步入临街的大门（说是大门，只一米开间的竹棚小扉），是一条长长的石阶甬道，甬道尽头左手边，转入又一小门，才是庭院和主楼。嵯峨野竹林小径寻而未得的曲径通幽，在这里方才找到。左阿弥的主楼正在举行婚礼，分别穿着西服和白纱裙的一男一女两位小花童兴奋不已地在一进门和二进门之间的甬道上上下下来回奔跑，一对新人则在各处取景拍摄婚纱照。主楼外还有数个掩蔽在树木之间的小屋，是一间间独立的餐室，里面传来欢声笑语。庭院深深，绿意浓浓，墙外樱花雪白一片，如白色云霞。这儿确实是个办喜事的好地方。我们落座在二进门对面的吉水亭，典型的日式建筑，歇山顶，深挑檐，门外袖珍型的庭园里，一手钵、石灯笼等日式庭院的要素也一应俱全。入门处留有换鞋的空地和平台，换下的鞋也要收纳起来。这里的怀石料理，就道数和式样来说，与有马温泉的相差不多，但菜品精致许多。招待我们的是一位中年女士，衣着朴素，温婉有礼，总是在恰好的时间款款而来，送来一道道料理。晚餐后到主楼结账，遇到两位艺伎。她们刚刚结束表演，在低垂的夜幕中踩着高屐一路疾步而行匆匆离开。

徒步回旅馆，途径圆山公园。整个公园坐满了观赏夜樱的人。小吃摊的生意兴隆，烤肉的香味扑鼻。人们或家人，或公司同事，或青年学生、情侣，三五成群坐在樱花树下，品尝美食，斟酌美酒，嬉笑聊天，欣赏美景，其中不乏外国游客，一派祥和欢乐的景象。

从八坂神社出来，站在神社西门楼高处俯瞰四条河原町，灯火依旧通明。好在人流不再拥挤，可以以正常速度从容行走。路过四条大桥东南角的南座剧场时，正是散场时分，灯光如昼。四条通祇园商业街这一带老字号云集，经过永乐屋逗留，选了一幅"妙心寺退藏院"的风吕敷，粉色的樱花和深色的枯山水相映成景。

从四条通向北转道河原町通，在离酒店不远处的河原町通路西侧，找到了坂本龙马和中冈慎太郎遇难的近江屋旧址。角落里局促地立着一块石碑上刻"坂本龙马，中冈慎太郎遭难之地"，紧挨着的是坂本龙马那幅著名的照片，镶嵌在玻璃橱窗中，橱窗下面贴着旅游地图，标示着附近的几处马龙遗迹。还有一块木质的告示牌，由河原町南商业振兴组合寄赠，以英文、中文和韩文写道："坂本龙马、中冈慎太郎遇难之地（近江屋旧址），此处是1867年11月15日，明治维新的功臣土佐藩海援队队长坂本龙马（1836—1867年）与盟友陆援队队长中冈慎太郎（1838—1867年）被刺客暗杀的酱油商近江屋旧址。11月15日傍晚，慎太郎前来拜访寄宿在近江屋的龙马，二人讨论大政奉还后的政局，入夜，二人遭到自称十津川乡士的男子的袭击，龙马当场死亡，慎太郎也于两天之后去世。当时龙马33岁，慎太郎30岁。当时是一个剧烈动荡的时代，随着持续了260年的德川幕府时代的结束，武士的时代也宣告结束，历史正在走向明治时代。龙马与慎太郎被安葬在现在的京都灵山护国神社。京都市。"

曾经是维新志士在刀光剑影中抛头颅、洒热血，书写历史瞬间的地方，现在是一家回转寿司店，紧挨着龙马的照片挂着寿司店的木质招牌，写着"SUSHI 回转寿司100元"。天色已晚，店里依然满座，用餐的人们推杯换盏，很热闹的样子；店外的大街上有年轻人骑着摩托车轰鸣而过。三两个行人见我们在此盘桓，也好奇地上前观看，片刻就无趣地转身离开。遗忘历史就是如此迅速。

第二天很早醒来，出门在周边四处漫步，做此行最后的巡礼。先去酒店东边几步之遥的高濑川看川水和水上的樱花。只几日的时光，樱花已开到最盛的时候，落英缤纷，如雪片一般飘落在水面上。向南不远就到了锦小路，店铺尚未开张，静悄悄的小巷偶尔有行人匆匆而来，行至锦小路东端的锦天满宫，以晨间的参拜开始新的一天。从这里折返向北，寺町通和新京极商业街一带日间的喧嚣还隐遁在晨光熹微之中，而平素默默无声的寺庙成为此时的主角。蛸药师堂（永福寺）的大门洞开，院子里的樱花在千年古树光秃秃的树干之后摇曳生姿。向北走去京都市役所前地铁站，还不到8点，

Casada Café 面包店门扉紧闭，尚未开张。我们在旁边另一家咖啡馆坐下来先喝咖啡。这家店专事咖啡，不烤面包。咖啡料很足，味道浓郁，层次丰富。喝了咖啡出来，Casada Café 正好开门营业。大狗要让狗妈遂愿，就又进去搭配着卡布奇诺吃刚出炉的热气腾腾的牛角包。离开京都的这天，我们谨以吃两顿早餐的形式，表达对京都的恋恋不舍。

日本著名历史学家、京都大学教授林屋辰三郎写过一本介绍京都历史的书《京都》，书的前言引用了一首歌："春季百花开，相约看花在东山，争奇斗艳芬芳竞，夜樱自翩跹。"这几句朴素直白的歌词，恰似短短数日京都赏樱的咏叹。

再见，京都。

关西初识

位于锦小路东端的锦天满宫

08

岚山

寺町通一带众多古老寺庙之一:蛸药师堂(永福寺)